JN087238

BLOCKCHAIN

あなたの会社も
ブロックチェーンを
始めませんか?

日本アイ・ビー・エム株式会社
ブロックチェーンチーム
〔編〕

中央経済社

はじめに

　本書の執筆依頼をいただいたのは2019年の初めであるが，当時を振り返るとビジネスにおけるブロックチェーンの活用に懐疑的な意見が出始め，既存技術に対するブロックチェーンの必然性に疑問を呈する声も多かったように記憶している。これは，黎明期からブロックチェーンのビジネス利用を牽引してきた金融業界における技術検証がひと段落し，いわゆる熱狂期から幻滅期に差し掛かったことが大きく影響したと捉えている。一方，金融業界以外ではサプライチェーンにおけるトレーサビリティーなどでブロックチェーン活用を検討してみようという機運は高まりつつあったものの国内ではまだまだ実証実験にとどまっていた。

　このように日本におけるブロックチェーン業界はまさに冷却期に差し掛かっていた状況に，外資系IT企業である日本アイ・ビー・エム株式会社（以下，日本IBM）でブロックチェーン事業を預かる筆者は大きな焦りを感じていた。それは「ブロックチェーン技術を核とした業界プラットフォーム」という複数の黒船が日本近海に浮かんでいるのを生々しく感じていたからである。例えば，世界最大のコンテナ船事業者であるマースク社（デンマーク）とIBMとの共同事業である国際貿易デジタル化プラットフォーム「TradeLens」は，2018年12月に日本を含む全世界で商用サービスを開始し，競合するコンテナ船事業者や世界中のターミナル事業者・港湾・税関当局などの参加を推し進め本格的に始動していた。また，食の信頼構築を目指してウォルマート，カルフール，ネスレなど世界的な食品事業者が主導するプラットフォーム「IBM Food Trust」も2018年10月より同じく全世界で商用サービスを開始し，リコール対策，プライベート商品のブランド力強化，サプライチェーン高度化，持続可能な水産資源の管理，フェアトレードなど幅広い用途に拡がっていた。これらのプラットフォーム上では競合関係にある企業同士が非競争領域で協業し，業界における積年の課題にチャレンジしたり，新たなビジネスモデルを構築したりしながら

社会実装が進んでいたのである。世界ではまさに業界をリードする企業群がブロックチェーンという新たな分散コンピューティング技術の可能性に果敢に賭けていた。このままでは日本はまたもや取り残されてしまうという大きな危機感を感じていた。

　そのような中でも明らかな変化の兆しがあった。長らく仲介機能を担ってきた商社などがブロックチェーン技術に抗うのではなく，新たなプラットフォーム基盤として積極的に取り入れて新規ビジネスを起こしたり，中堅企業が社会課題の解決を目指すデジタルプラットフォームを興し業界秩序に挑んだりするなど，複数のプロジェクトが本格展開を始めていた。実際，2019年には日本IBMが関与するだけでも10を超えるブロックチェーン・プロジェクトを公表する結果となり，2018年と比較して大きな飛躍を見せた。是非このダイナミズムを読者の皆様に伝えたく，日本IBMの専門家が業務の合間を縫い書き下ろしたのが本書である。なお，本書での紹介には間に合わなかったが，新たな事例，例えばソフトバンク社とのキャリア間ブロックチェーン・ソリューションの取組み[1]，オートバックスセブン社との消費者間による中古車市場プラットフォームの取組み[2]などが続々と生まれている。是非とも脚注の情報を参照いただきたい。加えて，新たな資金調達の可能性を広げるセキュリティトークンオファリング（STO：Security Token Offering）や中央銀行デジタル通貨（CBDC：Central Bankd Digital Currency）など，2019年後半から金融分野においても再びブロックチェーンへの注目が高まっている。

　これまでブロックチェーンに関する書籍は数多く出版され，暗号資産，ブロックチェーン技術の概要，想定される利用シーンについて紹介されてきた。しかし，ブロックチェーン・ビジネスの最前線に立つ営業，コンサルタント，技術者が一堂に会し，自らが推進する国内外のプロジェクトの詳細や，そこから得られた知見をふんだんに盛り込んだ書籍は本書が初めてではないかと自負している。読者の皆様には，自社でブロックチェーン・プロジェクトを適用で

1　https://ibm.ent.box.com/notes/617606742032

2　https://www.autobacs.co.jp/ja/news/news-20191003140002.html

きる領域はあるか，誰と協業すべきか，どの技術を採用すべきか，どのように
投資を回収できるかなどを想像しながら，本書を読み進めていただきたい。

　本書を出版する最終局面において新型コロナウィルス（COVID-19）が猛威
をふるい，多くの方が生活・仕事の両面で甚大な影響を受けている。物の需給
や流れは予測困難となり，医療や生活における必需品がどこにどれぐらいの在
庫があるかもわからない状況である。また，人との接触を可能な限り減らすべ
く在宅勤務が推奨されるものの，契約処理はいまだ書類と印鑑に頼っており，
出勤せざるえない方も多い。私たちはポスト COVID-19に備え，サプライ
チェーン管理や契約管理のあり方を抜本的に見直すことは不可避であり，本書
でも紹介するブロックチェーンを活用したトレーサビリティーやスマートコン
トラクトの取組みは大いに参考になるものと確信している。

　最後に事例紹介に賛同いただき，内容の精査にもご協力いただいた関係企業
の皆様方にこの場を借りて厚く御礼を申し上げたい。

　本書を読み終わった後，読書の皆様にこう問いたい。

　あなたの会社もブロックチェーンを始めませんか？

2020年4月

　　　　　　　　　　　　　　　　　　　日本アイ・ビー・エム株式会社
　　　　　　　　　　　　　　　　　　　ブロックチェーン事業部長

　　　　　　　　　　　　　　　　　　　　　　高田　充康

目　次

はじめに

本書を理解するための用語集

本書を理解するための用語集

Berkeley DB

オラクル社製のデータベースのひとつ。Oracle Cloud 上で Hyperledger Fabric のネットワークを構築する場合にワールドステートとして利用できる。

CA

「認証局（Certificate Authority）」の省略形で，ブロックチェーンネットワークの基本的な要素のひとつ。トランザクションを登録しようとしているユーザーが正当なユーザーであるという証明書を発行する機能。

新規のユーザーがブロックチェーンネットワークに参加するためには，CA から証明書を発行してもらい，その証明書を使って，ブロックチェーンネットワークに参加し，トランザクションの発行を行う。

CouchDB

ワールドステート（→「ワールドステート」）で利用できる DB がいくつかあり，CouchDB はそのひとつ。データベースのスキーマが不要で，保存するデータ構造が自由なドキュメント型データベース。

Enterprise Ethereum Alliance（エンタープライズ・イーサリアム・アライアンス，略称：EEA）

Ethereum の企業利用を普及するために，2017年に設立された団体。企業向けの Ethereum，Enterprise Ethereum を開発，バージョンアップしながら，標準の規格や仕様を定義したり，参加各社がアプリケーションを開発したりして，Ethereum の企業利用を推進している。

Hyperledger

Linux を普及促進するための非営利団体，The Linux Foundation が推進しているオープンソースのブロックチェーンプラットフォーム。

Hyperledger Burrow（ハイパーレジャーバロー）

Ethereum のスマートコントラクトの実行基盤を提供するプロジェクト。Hyperledger Fabric や Hyperledger Sawtooth にプラグインが提供されており，それぞれのブロックチェーンネットワーク上で Ethereum のスマートコントラクトを実行することができる。

Hyperledger Besu（ハイパーレジャーベイス）

Hyperledger Besu は，エンタープライズ向け Ethereum の Java クライアントコードを開発するプロジェクトで，Ethereum のパブリックネットワークとプライベートネットワーク上で動作する。Hyperledger は，The Linux Foundation が運営するクロスインダストリーの共同開発プロジェクトであり，Hyperledger Besu は15番目のプロジェクト。

Hyperledger Quilt（ハイパーレジャーキルト）

米リップルと NTT データが開発，提供された技術。リップルにおけるインターレジャープロトコルを JAVA でアクセスできるように改変したもの。すなわちこれにより Hyperledger と Ethereum，Bitcoin（Lightning），RippleNet などと台帳間での取引が行えるようになる。

Hyperledger Sawtooth（ハイパーレジャーソウトゥース）

オープンソースの分散型台帳であり，スマートコントラクトエンジン。米インテルが開発していたが，2016年に Hyperledger プロジェクトにオープンソースとして提供された。

Hyperledger Fabric（ハイパーレジャーファブリック）

環境構築やチェーンコードの設置・実行を行いやすくしてくれる。プライベート型のブロックチェーンの代表的なもののひとつ。

Orderer

→「オーダリングサービス」

PKI（Public Key Infrastructure，公開鍵基盤）

　通信の安全性を担保する仕組みのひとつとして，通信相手の公開鍵を用いる方法があるが，公開鍵とその持ち主の関係をどう保証するかという問題がある。PKI は，公開鍵とその持ち主の関係を認証局（CA，Certificate Authority）を用いて保証するための技術。

R3

　2014年に設立された，ニューヨークに本社を設けるブロックチェーン技術を開発する企業。金融機関を中心に R3コンソーシアムを立ち上げ，Corda を開発し，金融システムの効率化を目指している。

Ripple（リップル）

　米リップルが開発している外国為替・送金ネットワーク。XRP と呼ばれる仮想通貨（暗号資産）を用いる。

Stellar（ステラ）

　ステラ開発財団（Stellar Development Foundation）が開発しているブロックチェーンによる国際送金ネットワーク。

XRP

　Ripple における通貨
　→「Ripple（リップル）」

インターレジャープロトコル（Interledger Protocol）

　インターレジャープロトコルは，米リップルが提唱した異なる台帳間での支払を行うための技術。例えば，Hyperledger Fabric のブロックチェーンネットワーク上で作成されたトークンを Ethereum 上のブロックチェーンネットワークのアカウントに所有権を移転する等ができるようになり，複数のブロックチェーンネットワークによる連携が可能となる。

オーダラー

→「オーダリングサービス」

オーダリングサービス（順序付けサービス，Orderer とも）

　ブロックチェーンネットワークの基本的な要素のひとつ。複数のクライアントから次々と送信されてくるトランザクションについて，更新順序が違ってしまわないよう，トランザクションの順序付けをしてからピアにそのデータをチャネル単位で送信する機能。

コンセンサスアルゴリズム

　ブロックチェーンではデータが分散台帳に書き込まれるため，そのデータが正当なデータであって，どの台帳にも等しく書き込まれることをシステム的に確認する必要があり，その確認をすることをコンセンサス（合意）と呼ぶ。コンセンサスアルゴリズムとは，そのコンセンサスを得るためのロジックや方法のことで，Proof of Work（プルーフ・オブ・ワーク）などいくつかの方法がある。

サイファーパンク（cypherpunk）

　インターネット上でプライバシーを電子的に守るため，匿名による取引システムが構築できるよう暗号技術に対する規制に反対する人々が集まって1990年代初めに生まれたコミュニティー。

シャーディング（Sharding）

　Ethereum の処理性能に関する問題のソリューションとして注目を集めている技術のひとつ。ノードをいくつかのグループに分けて，それぞれがトランザクションの処理を分担することでノードひとつの処理負荷を下げて，全体の処理性能を高めようとするもの。

ステート DB（ワールドステート）（本書では「ワールドステート」を使用）

　ブロックチェーン上のデータの最新の状態を管理するデータベース。
　ブロックチェーンの台帳では，トランザクションの履歴がブロックに順に書き込ま

れていくために，最新の状態を見ようとすると履歴の一番最初から参照して足し算引き算等を行う必要があるが，ワールドステートがあれば，計算が不要で最新の状態をクライアントに返すことができる。

ステーブルコイン

　価格を安定（Stable）させた暗号資産（仮想通貨）。Bitcoin などのように価格が激しく変動するものはビジネスの実務には耐えられないため，価格が変動しないように設計された暗号資産（仮想通貨）が登場した。米ドルなどの法定通貨に連動するもの，Ethereum などの他の暗号資産（仮想通貨）に連動するもの，他の通貨の裏付けはなくアルゴリズムによるコインの供給量を制御することによって価格を一定に保つものと，3 種類ある。

スマートコントラクト

　スマートコントラクトは，取引の条件や契約をビジネスロジックとして実装したプログラム。台帳を照会または更新するための一連の関数を含むソフトウェア。

　Hyperledger Fabric では，スマートコントラクトはチェーンコード内に書き込まれることから，基本的に，スマートコントラクトとチェーンコードは同義語である。

ゼロ知識証明（zero-knowledge proof）

　ある人が別の人に何かを示したり，証明したりする時に，その「何か」そのものを開示することなく，その何かを示せること。例えば，自分が20歳以上であることを示したい時に，運転免許証を見せることが多いと思われるが，運転免許証を見せると，20歳以上か否かだけを示せればよいのに，生年月日つまり実年齢や住所などまで相手にわかってしまう。ゼロ知識証明の仕組みがつくられていれば，実年齢や住所などを見せることなく20歳以上であることを証明できる。

チェーンコード

　→「スマートコントラクト」

チャネル

　ブロックチェーンでは同じ台帳が参加者間で共有され，誰でも同じデータを参照することができる。しかしビジネス用途では，参加者間である程度の情報の秘匿性が求められる。そこで Hyperledger Fabric ではピアの持つ台帳の共有する範囲をチャネルという機能を使って制御することで情報のプライバシーを保護している。チャネルはブロックチェーンネットワーク内に作られた仮想ネットワークと言える。そのチャネル上の参加者間で台帳やチェーンコードを共有し，データのやりとりができる。

ノード

　ブロックチェーンの通信エンティティ。Hyperledger Fabric のノードには，CA，ピア，オーダリングサービス（順序付けサービス，オーダラーなどとも）の3つのタイプがある。
　→「CA」
　→「ピア」
　→「オーダリングサービス」

ハッシュ値

　ハッシュ値とは，元になるデータからハッシュ関数と呼ばれる一定の計算手順により求められた，規則性のない値。値は英数字の羅列となっていて，元のデータを推測できない。またハッシュ関数は逆の計算が不可能もしくは極めて難しいため，ハッシュ値から元のデータを復元することができない。その性質から暗号や認証などに使用されている。

ピア（Peer）

　ピアは Hyperledger Fabric のブロックチェーンネットワークの基本的な要素のひとつで，ブロックチェーン台帳に登録するデータについて，改ざんの有無を検証したりして台帳に書き込むサーバー。各ピアはブロックチェーンネットワーク内で同じ内容の台帳とチェーンコードを保有している。ピアは2種類に分けられ，トランザクションの検証を行うピア（Endorsement Peer という）と，ブロックへの書き込みを行うピア（Committing Peer という）がある。

ファイナリティ

　ファイナリティとは，もとは資金決済に関する用語で，「決済が無条件かつ取消不能となり，最終的に完了した状態」と定義されている[1]。具体的には日銀によれば，「用いられる決済手段について(1)受け取ったおかねが後になって紙くずになったり消えてしまったりしない，また決済方法について(2)行われた決済が後から絶対に取り消されない──そういう決済が「ファイナリティのある決済」と呼ばれ」る[2]。平たく言えば，「決済が完了した」という状態は，あとでその決済が無効であったなどとして決済が取り消されることがない状態のことを指す。ブロックチェーンの文脈では資金決済以外でも，取引の確定について用いられている。

プライベート・データ・コレクション

　データの秘匿性に関する Hyperledger Fabric の機能。チャネルはひとつのまま，台帳上にあらかじめ決められた組織だけが参照可能な領域を作成できる機能で，この領域のことをプライベート・データ・コレクションと呼ぶ。

プラズマ（Plasma）

　Ethereum の処理性能に関する問題のソリューションとして注目を集めている技術のひとつ。ブロックチェーンネットワークの子階層を作り，処理をその子階層で行わせ，親階層は結果だけを受け取るようにして親階層の処理負担を減らし，全体の処理性能を高めようとするもの。

ライトニングネットワーク（Lightning Network）

　Bitcoin の処理性能に関する問題のソリューションとして注目を集めている技術のひとつ。Bitcoin のブロックチェーンネットワークの1つ上の階層に高速かつ高頻度で小額決済できるネットワークを作り，そこで取引の処理を行ってネットワークの負荷を減らし，全体処理性能を高めようとするもの。

1　金融庁の定義
2　https://www.boj.or.jp/paym/outline/kg72.htm/

第1章

いまなぜブロックチェーンが注目されるのか？

1 デジタルトランスフォーメーションの時代

　日本生産性本部の発表によると2017年の日本の時間あたりの労働生産性は OECD 加盟国36か国中20位であり，1970年以来先進 7 か国の間で最下位に甘んじている。また，急激に進む少子高齢化に伴う労働人口の減少やその他の要因により業界によっては人不足が深刻な問題になりつつある。これらの要因から労働生産性の向上は待った無しの状況であり，デジタル技術を最大限に活用して業務変革を実現するデジタルトランスフォーメーション（以下，「DX」）が注目されている。DX 実現の先端技術として音声認識・画像認識・文字認識などを通じて人の判断を支援する人工知能（以下，「AI」）や定型的な業務の自動化を支援するロボティクス・プロセス・オートメーション（以下,「RPA」）などのほか，あらゆる物の状態や動きを感知するセンサーから大量の情報を収集する Internet of Things（以下，「IoT」）が注目されている。

2 プラットフォーマーの台頭

　このような背景の中，「1」で紹介した先端技術を駆使しながら使い勝手の良いインターフェースとサービスを提供し，消費者と事業者，あるいは，事業者同士を結びつけて円滑なビジネスを支援する事業者，いわゆるプラットフォーマーが台頭している。高いユーザー体験と魅力的なサービスを持つプラットフォームには多くのユーザーが集まり，結果としてマッチング効果でプラットフォームの魅力がさらに高まり，さらに多くのユーザーが集まる「ネットワーク効果[1]」を生む。多くのユーザーがプラットフォームを活用すること

1　ネットワーク効果：製品やサービスの利用者が増えるほどその価値が高まること。携帯電話等のネットワークが代表例となるが，SNS（ソーシャル・ネットワーク・サービス）等のプラットフォームビジネスにおいて競争力向上の源泉となる。ネットワークの外部の参加者によって価値が高まることからネットワーク外部性とも呼ばれる。

で，膨大なデータが集まり，これを IoT で収集するデータなどと掛け合わせ，AI を駆使して新たな知見を生み出してサービスを充実させる好循環が生まれる。これにより，プラットフォーマーは非常に高い収益を上げ，各分野で圧倒的な力を持つに至っている。

3　情報利用に対する懸念

　ここにきてデータを武器に強大な力を持つようになったプラットフォーマーに対する風当たりが強くなっている。SNS 上に存在する大量の個人情報の不正利用や情報流出がきっかけであるが，これまでは利便性の高さと引き換えに無防備に個人情報をプラットフォーマーに預けてきたユーザーの警戒心は日に日に増している。このような背景から，個人や企業の所有する情報は自身で二次利用の同意を適切に管理しながら，必要に応じて他者と情報の共有を行うという自己主権的な考え方が出てくる。

4　信頼を生み出す技術・ブロックチェーンの登場

　この考え方を実現するのに最も適した情報管理の技術が本書のテーマであるブロックチェーンである。ブロックチェーン技術の詳細は第 2 章で解説するが，その特徴をここで簡単に説明したい。まず，複数の組織でブロックチェーンネットワークを構成し，それぞれが同じ内容を持つ台帳を保有する。一定の取引内容の塊を自身の台帳にブロックとして書き込む前に，組織間で合意形成を図り，不正の混入を防止する。ブロックには取引情報とともに前のブロックの情報から暗号技術を利用して算出されたハッシュ値（デジタル指紋のようなもの）を取り込むことで前後のブロックの連鎖を作る。これが，ブロックチェーンと呼ばれるゆえんである。もし，悪意を持つ者が特定のブロックの情報を改ざんしようとすると，そのブロックの新たなハッシュ値と次のブロックに書き込まれているハッシュ値が別のものとなり不正が発覚する。不正が発覚しない

よう矛盾を解消するには改めて参加組織の合意形成を取り続ける必要があり，極めて困難である。このように，情報連携のプラットフォームの改ざんが事実上不可能な形で複数の参加者により共同運営していくのがブロックチェーンである。情報を預ける側はプラットフォーマーのような特定の第三者に全幅の信頼を寄せる代わりに，ブロックチェーン技術が生み出す信頼のもと，関係者と情報連携する形となる。また，スマートコントラクトと呼ばれるブロックチェーンネットワーク上の共通のプログラムにより，組織間の取引にまつわるプロセスの自動化が可能となる点も大きな特徴である。

5 仮想通貨・フィンテックから全産業に利用が拡大

　読者の大半が認識されるとおり，ブロックチェーンはBitcoin（ビットコイン）と呼ばれる仮想通貨（以下，「暗号資産」）の交換から始まっている。従来，通貨は国や中央銀行がその信用力のもと発行・管理しており，また企業や個人は商用銀行を信用して自身の金融資産を預け，他者との資産の取引を委ねている。このような信頼のおける第三者の仲介により，安全に資産の移動が可能であるが，集中処理の性格からシステムの維持管理などのコストが高く，手数料に転嫁される。特に国をまたがる送金においては，複数の金融機関が間に介在し，手数料がかさむうえに日数も要するため，少額の送金には向かない。Bitcoin は，ネットワークを集中管理する特定の第三者を必要としないブロックチェーン技術を基にしており，国や銀行が介在することなく P2P（ピア・ツー・ピア）での暗号資産のやり取りを可能としている。もっとも多くの読者が報道等でご存知のとおり，Bitcoin に代表される暗号資産は価値の変動が激しく，投機的な性格が強くなっており，通貨としての役割を果たしているとは言えないのが現状である。また，取引所における暗号資産の流出事件も頻発しており，世間からは否定的な印象を持たれている。

　一方で，基盤技術であるブロックチェーンに対する期待は依然として高い。当初は暗号資産の台頭に危機感を抱いた国内外の主要な金融機関がこぞってブ

ロックチェーンの技術的価値を見極めるための実証実験を行ったため，ブロックチェーンはフィンテックと同義語で語られることが多かった。しかし，ここに来て金融以外の産業界への広がりを見せている。複数の組織で取引情報を改ざん不可能な形で共有でき，スマートコントラクトにより組織間の取引を自動化できる性質から，例えばサプライチェーンにおける取引や物流状況の可視化，契約プロセスの自動化，サプライヤー情報の共有，リコール対応のためのトレーサビリティーなどへの応用に活用形態が拡大している。他にもデジタル・コンテンツの流通，P2P（ピア・ツー・ピア）の電力融通，個人間の同意のもとでの医療情報の共有，個人の職歴や教育履歴の共有など，様々な情報取引の透明な記録媒体としてブロックチェーンの活用が進んでいる。

6 ブロックチェーンを活用したプラットフォームの商用化が進む欧米

　2018年中頃からブロックチェーン技術を活用したプラットフォームの商用化が始まっている。ここでの商用化は，プラットフォーム運営者がユーザーより取引量などに応じて利用料を徴収するものと定義している。代表的なものとして欧州の銀行14行が共同運営する貿易金融プラットフォーム「we.trade」，世界最大のコンテナ船事業者であるA.P. モラー・マースク（デンマーク）（以下，「マースク」）の実証実験から発展した国際貿易デジタル化プラットフォーム「TradeLens」，全米小売最大手ウォルマートを中心に食の安全確保を目的にプラットフォーム化した「IBM Food Trust」が挙げられる。各プラットフォームの詳細は第3章で改めて解説するが，ここでは簡単にそれぞれの概要を紹介したい。

　we.trade はヨーロッパ地域における中小企業同士の越境取引を支援するプラットフォームであり，2018年6月より商用化されている。通常，国をまたがる中小企業同士の取引はお互いの信用不安から取引の開始に躊躇するが，we.trade を運営する銀行がそれぞれ担当する中小企業の信用を担保し，スマートコントラクトによる取引の自動化や売掛金担保融資をつけるなどマッチング

を支援する。中小企業にとっては新たな越境取引を拡大でき，参加銀行は裾野の広い中小企業に新たな取引先としてアクセスできるメリットがある。

　TradeLens は，国際貿易に関わる複雑かつ非効率な取引を効率化するプラットフォームで2018年12月に商用化された。国際貿易業務には多くの関係者が介在し，いまだに紙によるやり取りが中心で，そのコストは貿易業務全体の約2割に及ぶと言われている。実際，マースクの実証実験では，アボカドやチューリップをケニアからロッテルダムに発送するのに，30の事業関係者から100名のスタッフが関与し，200の紙の書類のやり取りが発生したと報告されている。TradeLens は，輸出から輸入まですべての出荷イベントを可視化し，貿易書類をデジタル化して関係者間でワークフローを回す仕組みをブロックチェーン上で提供する。執筆時点では，マースクを含めて18社のコンテナ船事業者（合計シェアは6割以上）が参加し，世界中の港湾・ターミナルオペレータ・税関・陸運業者・大手荷主などが続々参加し，デジタルを最大限活用した貿易業務の変革に挑んでいる。

　IBM Food Trust は，生産者から小売店舗に至る食のサプライチェーンにおける生産・加工・入出荷のイベントを記録してトレーサビリティーを実現するプラットフォームであり，2018年10月に商用サービスを開始した。ウォルマートの実証実験から発展したプラットフォームであるが，執筆時点では仏カルフール，全米の小売上位4社，スイスのネスレなどが参加し，業界全体への広がりを見せている。ウォルマートは食の安全の観点で有事の早期リコールを目的に利用しているが，サプライチェーンのイベントが可視化されることで，利用目的は各社各様である。例えば，米ゴールデンステートフーズは高級ハンバーガーの生パティをレストランに輸送するまでの鮮度管理に活用している。つまり，サプライチェーンの高度化である。また，仏カルフールは，健康志向の高い消費者に対し，プライベートブランド商品の生産過程をスマートフォン・アプリで可視化することで，ブランド力を上げている。つまり，トップラインの向上に活用している。

7　今こそ進めたいブロックチェーンの戦略的な活用

　国内においてブロックチェーンはまだまだ実証実験段階という見解が多い。特に，IT業界のリサーチ会社として有名なガートナージャパンが2018年10月に発表した「日本におけるテクノロジのハイプ・サイクル：2018年」において，「ブロックチェーンは「過度な期待」のピーク期を越え，幻滅期へと坂を下りつつある」と報告されたこともあり，ブロックチェーン技術の将来性に疑問を投げかける風潮も見受けられる。しかしながら，海外では前節で紹介したwe.trade，TradeLens，IBM Food Trustのような商用サービスとして本格展開するものが続々と登場していることも事実である。「過度な期待のピーク期」を過ぎた今こそ，ブロックチェーン技術とそれがもたらすビジネス的価値を正しく理解し，先行するグローバル企業の取組みを注意深く学ぶ段階に来ている。同じくガートナージャパンは日本企業に対し次のようにも警告している。

　「2023年までに日本企業の3割以上が，海外の大企業もしくはテクノロジに強みを持つグローバル企業が作り上げるブロックチェーンを用いたデジタル・プラットフォームの影響を受けるようになる

　ブロックチェーンには，柔軟かつ自由に信頼度の高い効率的なやりとりを可能にする側面があり，ブロックチェーンを用いたデジタル・プラットフォーム（テクノロジを組み合わせた，特定のビジネスに向けたサービス基盤）は国や業界の枠を越えて広がっていく可能性があります。これは，日本企業にとって機会ともいえますが，同時に海外発のブロックチェーンが日本に広がる点では，大きなリスクを生み出す恐れがあります。

　近い将来，日本企業の一部は，海外企業主導のブロックチェーンを用いたデジタル・プラットフォーム上でビジネスを進めることになります。こうした新しい

デジタル・プラットフォームは，参加する企業側にもメリットをもたらす可能性が高い反面，プラットフォーム作りをリードし運営する側の企業が，運営に伴う利益や，自社を中心に据えたエコシステムの構築，その上でのサービス追加など，さらに大きなメリットを享受することになるとみています。」

（ガートナージャパンNewsroom　プレスリリース　2018年4月5日「ガートナー，ブロックチェーンへの取り組みに関する調査結果を発表－40%以上の日本企業は既に何らかの取り組みを開始していることが明らかに－」）

　本書では，ブロックチェーン技術を活用した日本発の業界プラットフォームが次々と生まれていくことを期待し，国内外の先行事例とそれらから導き出されたブロックチェーンプロジェクトを成功に導くためのヒントを全編にわたって紹介していく。

第2章

ブロックチェーンとは何か

Bitcoin すべてはここからはじまる

(1)　Bitcoin（ビットコイン）とは

　Bitcoin とは P2P（ピア・ツー・ピア）型の決済インフラ・仮想通貨であり，その始まりは，社会や政治を変革する手段として強力な暗号技術の利用を推進する活動家とされるサイファーパンクのメーリングリストに投稿されたひとつの論文が始まりだと言われている。作成したのはサトシ・ナカモトと呼ばれる個人または組織とされ，国籍・性別などの素性は一切不明のままだ。

　この論文の中で，サトシ・ナカモトが実現したい世界を端的に示している一文がある。

> What is needed is an electronic payment system based on crypto-graphic proof instead of trust, allowing any two willing parties to transact directly with each other without the need for a trusted third party.
>
> 必要なのは信用ではなく暗号化された証明に基づく電子決済システムであり，これにより希望する二者が信用できる第三者機関を介さずに直接取引を実現する。

　言い換えると「自分のお金を，いつでも自分が好きな相手に，第三者機関である政府・銀行に介入されることなく送金できる仕組みを実現する」と言えるだろう。

　実際に Bitcoin の Genesis Block（Bitcoin ブロックチェーンの1つ目のブロック）の中には以下のような文字が刻み込まれている。

> The Times 03/Jan/2009 Chancellor on brink of second bailout for bank
>
> イギリスの財務大臣が二度目の銀行救済の瀬戸際にいる

　これは2009年1月3日付の新聞記事の見出しを引用したものと思われ，政府や銀行などの第三者機関の介入を必要としないBitcoinの決済システムの特性を強調するために皮肉を込めて書いたと考えられる。

　Bitcoinの生い立ちを簡単な時系列で整理すると以下のようになる。

　2008年，サトシ・ナカモトにより，論文「Bitcoin：A Peer-to-Peer Electronic Cash System」が提出される。現時点でもサトシ・ナカモト氏の素性は不明。

　2009年，サトシ・ナカモトの論文に触発された研究者およびプログラマによりBitcoinが実装され，最初のコインが発行される。そもそもは経済活動を目的としたものではなく，論文内容の検証が主目的であり，当時の価値はほぼ0。

　2010年5月，1万BTCとピザ1枚を交換した（現在の相場に換算すると10億円以上）初の商取引が成立。

　2012年ごろから色々な媒体に紹介されメジャーに。

　2013年から，価格が急騰。

　一部の国において，自国通貨からの資産逃避先としてBitcoinが注目を集め，また投機行為も相まって価格の乱高下が始まる。

⑵　Bitcoinの特徴・仕組み

　Bitcoinの大きな特徴として，銀行や政府といった第三者機関の管理者が存在しないP2P（ピア・ツー・ピア）ネットワーク上で取引が行われることにある。P2Pネットワークとは，中央集権的なサーバーに管理されることなく，マ

（図表2-1）　マイナー同士が連携して取引を記録する分散型ネットワーク

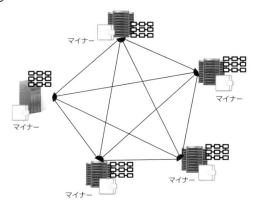

イナーと呼ばれるネットワークに参加するユーザーのノード（Node）同士が
連携して取引を記録する分散型ネットワークである（**図表2-1**）。ここでいう
ノードとは，ユーザーが所有するサーバーなどのコンピューティングリソース
を指し，取引を記録する台帳が管理されている。

　従来であれば，銀行の巨大な勘定系システム，または電子マネー発行企業の
発行管理システムなど，信頼できる第三者機関が管理する中央システムにより
取引が記録されているのが一般的である。しかし，Bitcoinではそのような中
央集権的な組織・システムが存在せず，ネットワークに参加するユーザーに
よって支えられている形となる。

　Bitcoinは中央集権的な組織・システムが存在しないため，分散する台帳の
整合性を維持するための仕組みが必要となる。この仕組みはコンセンサスアル
ゴリズムと呼ばれ，BitcoinではProof of Work（PoW）と呼ばれるアルゴリズ
ムが使われている。

　Bitcoinのブロックチェーンでは，いくつかの取引がまとめられたブロック
が鎖（チェーン）のように繋がれた形で各ユーザーの台帳に分散管理されてい
る（**図表2-2**）。新たに取引が発生した場合，それら取引をまとめたブロック
を新たに鎖で繋ぐことになるが，膨大な計算を最も早く解いたノードがブロッ

図表2-2 いくつかの取引がまとめられたブロックが鎖（チェーン）のように繋がれる

ハッシュ値：前ブロックのデータをサマリーした値
Nonce：膨大な計算の結果，導き出された答え

クを追加する権限を与えられ，その他のノード上に新たな追加ブロックのデータが伝搬され，分散台帳の整合性が維持されている。詳細な処理は割愛するが，この一連の流れがPoWと呼ばれるものである。

　ブロックを追加する権限を与えられたノードには，報酬としてBitcoinが支払われることになり，参加ユーザーが自らコンピューティングリソースをネットワークに提供するインセンティブとなっている。

2 Ethereum ブロックチェーンの可能性を拡げる

　Ethereum（イーサリアム）とは，分散型アプリケーションやスマートコントラクトを構築するためのプラットフォームであり，その構想は2013年にヴィタリック・ブテリンによって発表された。

　Bitcoin，Ethereumはともにパブリック型ブロックチェーンという分類をなされることが一般的であるが，Bitcoinが暗号通貨の所有者移転の記録に特化している一方で，Ethereumは暗号通貨の所有者移転のみならず汎用的な分散アプリケーションを構築するプラットフォームであると言える（**図表2-3**）。

　Ethereumの大きな特徴としてスマートコントラクトを実行できる環境の提

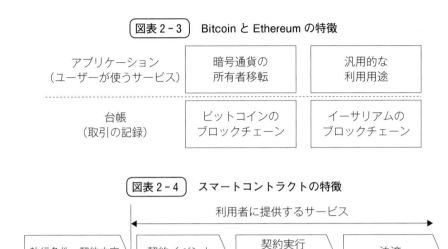

図表2－3　BitcoinとEthereumの特徴

アプリケーション（ユーザーが使うサービス）	暗号通貨の所有者移転	汎用的な利用用途
台帳（取引の記録）	ビットコインのブロックチェーン	イーサリアムのブロックチェーン

図表2－4　スマートコントラクトの特徴

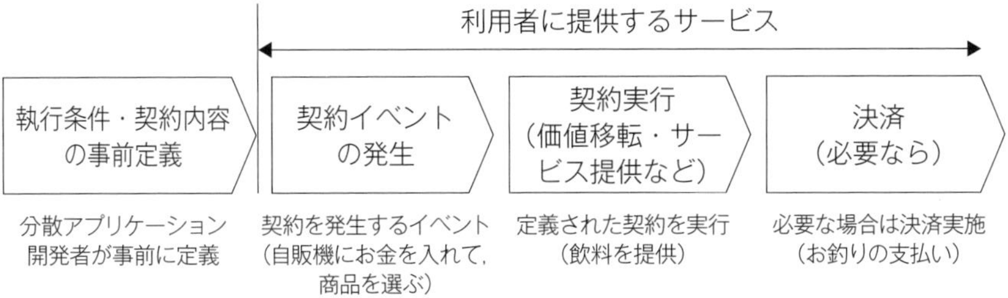

スマートコントラクトとは，執行条件と契約内容を事前に定義し，条件に一致するイベントが発生すると契約内容を自動執行する仕組みである。

供がある。スマートコントラクトの定義は諸説存在するが，簡単にいうと第三者を介さないスムーズな契約の締結と執行を意味する（**図表2－4**）。

現世界において頻繁に例えられるのが自動販売機であり，「利用者が金額投入」，「特定の飲料ボタンを押す」という条件が満たされた場合に，飲料を提供するというシンプルな契約が簡潔に執行される。

スマートコントラクトはあらゆる契約行為を自動化するということであり，金融エリアにとどまらず多くの分野へ応用と考えられる。非金融分野において例えば，P2P（ピア・ツー・ピア）の電力取引，IoTと連携したP2Pシェアリングエコノミーの実現など，様々な発展が考えられる。

3 ビジネス利用におけるパブリック型ブロックチェーンの限界

しかしながら，初期の数々のブロックチェーンプロジェクトにおいては，Bitcoin や Ethereum 等の非許可制のパブリック型ブロックチェーンを用いて，実証実験を行った結果，これらパブリック型ブロックチェーンが，主に，以下の理由から，サプライチェーンなど通常の企業間の取引への適用に向かないことがわかってきた。

- 価値変動する仮想通貨ベースのインセンティブモデルで運用がされており，トランザクション発行において，変動するトランザクションフィーを毎回考慮する必要があること。
- Proof of Work（マイニング）等のパブリック向けのコンセンサスアルゴリズムにおいては，ブロック確定まで時間がかかる仕組みであるため，トランザクションの確定が遅く，また数件～数十件／秒のトランザクション処理性能しか出ないため，ビジネスのトランザクション負荷には耐えられないこと（例：3秒以内の応答時間，1,000件／秒以上）。
- 匿名化はされているものの，すべてのトランザクションのデータを誰でも見ることができ，実ビジネスの取引における企業間のセキュリティ，プライバシーの確保が困難なこと。
- ファイナリティーが保証されていないため，一度確定したはずの取引が取り消される（なかったことにされる）可能性があること。

もちろん，これら既知の制約については，性能制約におけるライトニングネットワーク（Lightning Network）の活用など，それを克服するような新技術の提供，あるいは実装上の工夫もなされてきている。一方で，そもそも参加者が限定された企業間での取引において，パブリック型ブロックチェーンの思想そのものがそぐわないという見方も多く出てきた。一般企業間の取引，つまり国際貿易や食品サプライチェーン，契約管理や著作権管理など，実ビジネス

の各種ユースケースにより適合しやすい新しいブロックチェーン技術が求められたわけである。

4 エンタープライズブロックチェーンの登場

　先行企業の実証実験の結果としてパブリック型ブロックチェーンの限界が見えてきたことを受けて，Hyperledger Fabric, Corda, Quorum など，様々な一般企業向けのブロックチェーン（エンタープライズブロックチェーン）技術が登場してきた。これらの技術は，当初は特定の企業が開発を進めてきたが，より広範な普及を目指して，オープンソースとして公開され，オープンコミュニティにて運用されているものがほとんどである。また，実装については，技術によって様々だが，多くはパブリック型ブロックチェーンと異なる次のような特徴を持っている。

- 許可制：予め許可された参加者のみがブロックチェーンネットワークに参加可能。
- 軽量なコンセンサスアルゴリズム：許可された参加者間でコンセンサス（合意形成）が取れればよいので，Proof of Work 等パブリック型向けコンセンサスアルゴリズムより軽量で高速なコンセンサスアルゴリズムを採用。代表的なものに PBFT，SBFT などがある。これにより，応答時間，および処理性能が大幅に向上。
- ネイティブ通貨を持たないエコシステム：ネイティブ通貨をインセンティブにネットワークを運用しないため，トランザクション実行にトランザクションフィー等の考慮が不要。
- セキュリティ／プライバシーの強化：これまでの PKI（Public Key Infrastructure）ベースのセキュリティに加え，ユーザー認証，アクセス制御や，データプライバシーを強化。競合する複数企業が参加するブロックチェーンネットワークにおいても，ビジネス上重要な機密データを秘匿することができるなど，セキュリティ／プライバシー面を強化。

これら，許可制であるエンタープライズブロックチェーンにおいては，さらにコンソーシアム型（複数企業でブロックチェーンネットワークを共有），プライベート型（単一企業でブロックチェーンネットワークを利用）という分類がされることが多く，現在，多くの企業での実証実験，および本格展開において，エンタープライズブロックチェーン技術の採用が急速に広がってきている。

5 主要なエンタープライズブロックチェーン技術

エンタープライズブロックチェーン技術は数多く開発されている。以下に代表的なエンタープライズブロックチェーン技術を紹介する。

⑴ Hyperledger Fabric

- もともとは IBM および米デジタルアセットホールディングス（DAH）が開発したものが The Linux Foundation の Hyperledger プロジェクトに寄贈されオープンソースとして公開されているものである。
- Go や Node.js 等の汎用言語でのスマートコントラクト（チェーンコード）が開発可能で，様々なユースケースに対応できる。
- 軽量なコンセンサスアルゴリズムを採用することで，数百〜数千件／秒の処理量を実現し，かつ，プライベートチャネル，プライベート・データ・コレクションなどセキュリティ／プライバシー機能の強化が継続的に行われている。
- 2017年7月に本格利用を可能とするバージョン1が公開され，これまで全世界で，多くの活用実績がある。

⑵ Corda

- R3が金融取引向けに開発した分散台帳技術（ブロックチェーン）である。

- 2015年9月にはR3コンソーシアムを発足し，2019年5月現在100社以上のコンソーシアムメンバー（銀行，証券会社，規制当局など）で金融取引システムの効率化を目指している。
- もともと，金融機関における取引の記録や執行という明確な目的のために開発されたため，金融システムに求められるプライバシーとスケーラビリティを確保した設計になっている。
- オープンソースソフトウェア版とエンタープライズ版（有償）があり，エンタープライズ版ではよりセキュリティ機能が強化されている。

(3) Quorum

- 米JPモルガンとEnterprise Ethereum Alliance（エンタープライズ・イーサリアム・アライアンス，略称：EEA）の協業によって開発されたEthereumベースのブロックチェーン基盤である。
- 金融取引を目的に，トランザクションや契約のプライバシーを強化した企業向けブロックチェーン基盤として開発されている。
- Ethereumの特徴と，許可制のエンタープライズブロックチェーンの両方の特徴を持つ。
- Hyperledger Fabric，Cordaと同様，データやトランザクションの秘匿性を強化している。

なお，Hyperledgerプロジェクト，Enterprise Ethereum Allianceともエンタープライズブロックチェーンの推進と標準化を目的とするオープンなグローバルスタンダード組織である。主要なブロックチェーン技術は異なるが，2018年10月に協業が発表され，相互にメンバーとなるなど，エンタープライズブロックチェーンの推進，標準化がますます加速することが期待できる。

次節以降では，Hyperledgerプロジェクト，およびHyperledger Fabricの活用について，より詳しく解説する。

6　Hyperledger プロジェクトの概要

⑴　沿　　革

　Hyperledger（ハイパーレジャー）プロジェクトは，Linux Foundation の下で行われているブロックチェーンのオープンソースプロジェクトである。ブロックチェーンの優れた特徴は，暗号通貨以外のユースケースにも有用であるが，そのためには，セキュリティやスケーラビリティの強化が必要なことが産業界で認識され，2015年12月に Hyperledger プロジェクトの立ち上げが合意され，2016年 2 月に正式に発足した。

　Hyperledger プロジェクトは，設立メンバーから複数の技術提供が行われ，米 IBM，米 Digital Asset Holdings，加 Blockstream からの資産を元にした Hyperledger Fabric と，米 Intel からの資産を元にした Sawtooth の 2 つのインキュベーションプロジェクトからスタートした。

　産業界が求めるブロックチェーンとは，ネットワーク参加者の認証認可が可能なセキュアなビジネスネットワークが構築でき，金融，流通，製造，電信電話，公共，交易，交通，メディア，エンターテイメントなど幅広い領域のユースケースに対応可能な，スケーラブルでファイナリティのあるトランザクション処理が可能なブロックチェーンである。そのために，X.509公開鍵基盤（PKI）の認証技術，汎用言語で記述できるカスタム化可能なスマートコントラクト，ユースケースに合わせて選択可能なコンセンサス方式，最新状態が直ぐに把握できるワールドステート，内部コインの存在を前提としないアーキテクチャ，などが採用された。

(2) プロジェクト一覧

Hyperledger プロジェクトは**図表2-5**のように複数のプロジェクトから構成されている。

図表2-5　Hyperledger プロジェクト

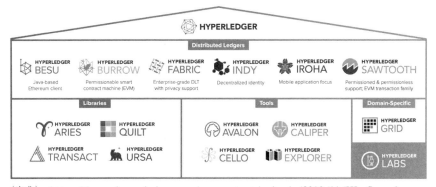

（出典）　https://www.hyperledger.org/wp-content/uploads/2019/11/HL_Greenhouse_Current.svg

(3) 分散台帳

- Hyperledger Besu：企業利用が前提の Ethereum クライアントを開発するプロジェクトである。パブリック型および許可型のプライベートネットワークとして利用が可能で，PoW（Proof of Work），PoA（Proof of Authority）を含む複数のコンセンサスアルゴリズムを採用している。
- Hyperledger Burrow：Ethereum VM の仕様書（のサブセット）に従って書かれたスマートコントラクトを許可型で実行するためにモジュラー型のブロックチェーン・クライアントを開発するプロジェクトである。最初のコードは Monax 社から提供された。コンセンサスエンジンは Burrow とは独立

しており，元々は Tendermint と呼ばれるエンジンが使われていたが，現在は Hyperledger Fabric を利用することも可能である。

- Hyperledger Fabric：ビジネス利用を想定した許可型ブロックチェーンをモジュラーアーキテクチャに基づき開発するプロジェクトである。最初のコードは IBM 社から提供された。Hyperledger Fabric については本章で詳しく解説する。

- Hyperledger Indy：自己主権型アイデンティティ（SSI：Self Sovereign Identity）サービスをブロックチェーンや分散台帳上で実現するためのツールやライブラリーを開発するプロジェクトである。最初のコードは Evernym 社から提供された。

- Hyperledger Iroha：分散台帳を必要とする基盤や IoT プロジェクトに簡単に組み込めることを目的とした，分散レジャーソフトウェアを開発するプロジェクトである。モバイルアプリケーションなどのクライアントアプリケーションを容易に開発できることが重視されている。最初のコードは日本のソラミツ株式会社から提供された。

- Hyperledger Sawtooth：アプリケーションドメインからコアシステムを分離することでビジネスルールを容易に開発できることを重視したブロックチェーンプラットフォームを開発するプロジェクトである。PBFT（Practical Byzantine Fault Tolerance），PoET（Proof of Elapsed Time）を含む多様なコンセンサスアルゴリズムをサポートしている。最初のコードはインテル社から提供された。

⑷ ライブラリー

- Hyperledger Aries：電子証明書の作成，送付，保管のためのツールを開発するプロジェクトである。

- Hyperledger Quilt：異なるペイメントネットワーク間での支払いを可能にするインターレジャープロトコルを Java で実装するプロジェクトである。

- Hyperledger Transact：個別の分散レジャーテクノロジーから独立してスマートコントラクトが記述できることを目的としたプロジェクトである。スマートコントラクトエンジン（smart contract engines）と呼ばれるスマートコントラクト用言語を開発している。
- Hyperledger Ursa：多くのプロジェクトで共通に利用できる暗号ライブラリーを開発するプロジェクトである。

⑸ ツ ー ル

- Hyperledger Avalon：EEA（Enterprise Ethereum Alliance）の Trust Compute Specification をレジャー依存無しに開発するプロジェクトである。ブロックチェーンから処理の一部を専用のコンピューティングリソースにセキュアに移動することを目指している。
- Hyperledger Caliper：ブロックチェーン用ベンチマークツールを開発するプロジェクトである。Hyperledger Besu, Hyperledger Burrow, Ethereum, Hyperledger Fabric, FISCO BCOS, Hyperledger Iroha, Hyperledger Sawtooth をサポートしている。
- Hyperledger Cello：ブロックチェーンの運用を容易にするダッシュボードを開発するプロジェクトである。ベアメタル，仮想マシン，コンテナプラットフォームを含む多様なインフラストラクチャをサポートしている。
- Hyperledger Explorer：ブロックチェーンのレジャーの内容を表示したり，トランザクションを実行したりする Web アプリケーションツールを開発するプロジェクトである。

⑹ ドメイン特化型

- Hyperledger Grid：クロスインダストリーのサプライチェーン・ソリューションを開発するためのフレームワークを提供する。サプライチェーンのた

めのデータモデルやスマートコントラクトのリファレンス・インプリメンテーションを示し，Hyperledger プロジェクトのコンポーネントからサプライチェーンソリューションを開発するための現実的なガイドを提供する。

⑺ オープンガバナンス

Hyperledger プロジェクトは，メンバーとリーダーシップチームから構成される。メンバーは「プレミアメンバー」「ゼネラルメンバー」「アソシエイトメンバー」からなり，2019年末時点でメンバー数は250に達している。この中で注目に値するのは，Enterprise Ethereum Alliance（EEA）と Hyperledger が相互にメンバーになったことで，EEA で決められた Enterprise Ethereum のスペックを Hyperledger がオープンソースとして実装するという協力関係が確立された。Hyperledger Burrow により Hyperledger Fabric の機能として Ethereum VM がリリースされたのはこの成果である。

リーダーシップチームは，ボード（Governing Board），TSC（Technical Steering Committee），専任スタッフチームで成り立っている。ボードは Hyperledger プロジェクトの最高意思決定機関で，プレミアメンバー各社から1人，ゼネラルメンバーの代表2人，TSC の議長1人で構成される。Hyperledger プロジェクト全体のポリシーの策定や，予算の承認，執行，プロジェクトおよびマーケティング活動全般の監督などに責任を持っている。

TSC は，活動実績のあるコントリビューター（コードや技術資料開発の貢献者）により選ばれた11人のコントリビューター，メインテイナー（プロジェクトのレポジトリーにコードや技術資料をコミットできる資格のあるコントリビューター）で構成し，Hyperledger プロジェクトの技術的方向性の決定やプロジェクト提案の承認とライフサイクル管理，テクニカルコミュニティとエンドユーザーコミュニティの連携，外部への技術的な情報発信，複数プロジェクトに関わる技術的な意思決定などに責任を持つ。

専任スタッフチームは，エグゼクティブディレクターを中心にプロジェクト

の推進，マーケティング，エコシステムの支援，イベントの企画・運営などを行っている。上記に加えて「マーケティング委員会」「EU-TAB（End User Technical Advisory Board）」が設置され，マーケティング活動と Hyperledger プロジェクトの成果物の利用促進を行っている。

　ブロックチェーンのような汎用的なテクノロジーを特定のベンダーの資産とはせず，オープンソースソフトウェア（OSS）として提供する意義は，「テクノロジーの標準化」「エコシステムの健全な発展」「利用者にとっての経済的メリット」「ベンダーロックインの排除」などLinux をはじめとする多くの OSS プロジェクトにより実証されてきた。

　OSS が成功するためには，単にプログラムのソースコードを無償で公開するだけでなく，プロジェクトの運営そのものをオープンにすることで，良い提案の公正な受入れや才能ある参加者を募り，プロジェクトのロードマップを公開することで将来の見通しを良くするなど，オープンなガバナンスが必要である。また公開されるコードはユーザー，ベンダー，サービスプロバイダーなど，様々な立場の参加者が利用しやすい形で知的財産を管理する必要がある。Hyperledger プロジェクトは，Linux Foundation が長年培ってきたオープンガバナンスモデルを踏襲しており，また知的財産については「Apache License, Version 2.0」という自由度の高い方式が採用されている。

7　Hyperledger Fabric の詳細

（1）　アーキテクチャ

　Hyperledger Fabric（ハイパーレジャーファブリック）のサービスの目的は，クライアント・アプリケーションからのトランザクション要求を受けて，台帳にアセットの状態を Key-Value 方式で記録することである。アセットとは，ブロックチェーンで管理したい対象で，例えばクルマの場合，車両 ID，車種，

所有者，等の属性（Key）を定義して，その値（Value）を台帳に読み書きすることでアセットの管理を行う。これをネットワークに参加する複数の参加者（参加企業）の合意を得ながら行う。台帳は，ピアと呼ばれる Linux サーバー（実装上はコンテナ）に接続するデータベースで，Key-Value を保持するワールドステートとトランザクションのログが記録されるブロックチェーン・ファイルからなる。ピアは複数存在し，各参加者は 0 個以上のピアを持つことができる。つまりピアを持たない参加者も複数持つ参加者も可能である。ピアを持たない参加者は他の参加者のピアにアクセスして台帳を読み書きする。台帳の内容は，すべてのピアで同一になるが，ピアのサブグループごとに保持する内容を変えることも可能である。

　以上のことを行うための，Hyperledger Fabric のアーキテクチャを示すと**図表 2 - 6** のようになる。

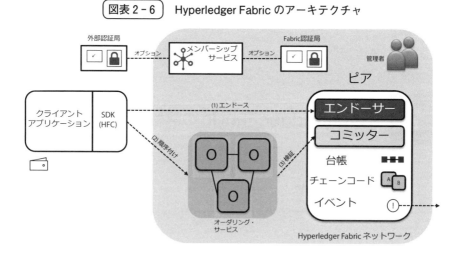

図表 2 - 6　Hyperledger Fabric のアーキテクチャ

　ユーザーは，クライアント・アプリケーションまたはコマンドラインインターフェース（CLI ツール）を利用して Hyperledger Fabric ネットワークに

トランザクションを発行する。その際，身分を明らかにするためにトランザクションに電子署名を行うが，これにより不正なユーザーから発行されたトランザクションは拒否される。

　Hyperledger Fabric ネットワークには，トランザクション要求の妥当性を確認し，処理結果を計算するエンドーサー，トランザクションの順番を一意に確定させるオーダリング・サービス（オーダラーノードの集合体），エンドーサーによる処理結果を検証して台帳に記録するコミッターが存在する。エンドーサーとコミッターの役割はピアが担うが，すべてのピアは（自分が所属するチャネルの）コミッターである一方，あらかじめ決められたピアのみがエンドーサーとして機能する。エンドーサーにはチェーンコード（スマートコントラクト）がインストールされていて，トランザクション処理はチェーンコードによって計算され，コミッターによって台帳に記録される。エンドーサーは，一般に異なる参加者（組織）の複数のピアからなるので，クライアント・アプリケーションやコミッターは，複数のエンドーサーの処理結果が一致することを確認することで参加者間のコンセンサスを得ることができる。一部のピアに不正なチェーンコードがインストールされたとしても他のエンドーサーと処理結果が異なるため台帳に書き込まれる前に検出され排除される。

⑵　ピ　ア

　ブロックチェーンネットワークを最も簡潔に表現するならピアノード（ピア）のネットワークといえる。ピアは台帳とスマートコントラクトを持ち（正確には，複数の台帳とスマートコントラクトのインスタンス，つまりコピーを持ち），アプリケーションが台帳にアクセスするための接続ポイントでもあり，ブロックチェーンネットワークの最も基本的な構成要素と考えられる。ピアはネットワーク上で作成，追加，構成変更，削除が可能である。ピアは管理者やアプリケーションに対しピアが提供するサービスを利用するための API を提供する。

　ピアは組織に属するが，異なる組織間での通信を可能にする，つまり他の組

織からネットワーク的に見えるピアをアンカーピアと呼ぶ。またオーダーが
ブロックをピアに配信する際，オーダーが直接ブロックを送るピアを組織の
リーダーピアと呼ぶ。リーダーピアは，受け取ったブロックを同じ組織の別の
ピアに Gossip プロトコルを使って配信する。この仕組みによってすべてのコ
ミッティングピアがオーダーから効率よくブロックを受け取れるようになっ
ている。

図表 2 - 7　ピ　　ア

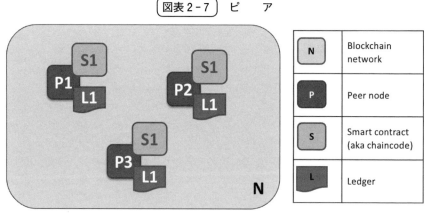

（出典）　https://hyperledger-fabric.readthedocs.io/en/release-1.4/_images/peers.
diagram.1.png

⑶　台　　帳

　台帳はワールドステートとブロックチェーンからなる。

　ワールドステートは，ブロックチェーンで管理されているビジネスオブジェ
クトの現在の状態を Key-Value ペアで保持しているデータベース（Level DB
または Couch DB）である。ワールドステートには日常的に変更が発生し，ビ
ジネスオブジェクト作成，変更，削除が可能である。

　一方，ブロックチェーンはトランザクションログで，ワールドステートを今

図表 2 - 8 台　帳

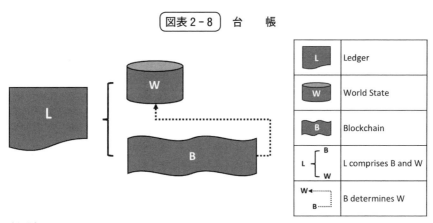

L	Ledger
W	World State
B	Blockchain
L{ B W	L comprises B and W
W← B	B determines W

（出典）　https://hyperledger-fabric.readthedocs.io/en/release-1.4/_images/ledger.diagram.1.png

図表 2 - 9 ワールドステート

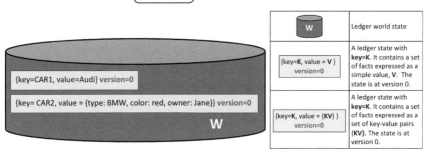

W	Ledger world state
{key=K, value = **V** } version=0	A ledger state with **key=K**. It contains a set of facts expressed as a simple value, **V**. The state is at version 0.
{key=K, value = {**KV**} } version=0	A ledger state with **key=K**. It contains a set of facts expressed as a set of key-value pairs (**KV**}. The state is at version 0.

（出典）　https://hyperledger-fabric.readthedocs.io/en/release-1.4/_images/ledger.diagram.3.png

の状態に至らしめたすべての変更（トランザクション）の履歴を記録している。ブロックチェーンでは複数のトランザクションがブロックにまとめられてファイルシステムに記録され，いったん書き込まれた内容は変更されない。

　アプリケーションは，ワールドステートを読むことで，トランザクションの履歴を過去からずっと辿ることなく，現在のビジネスオブジェクトの状態を知ることができる。

図表2-10　ブロックチェーンの構造

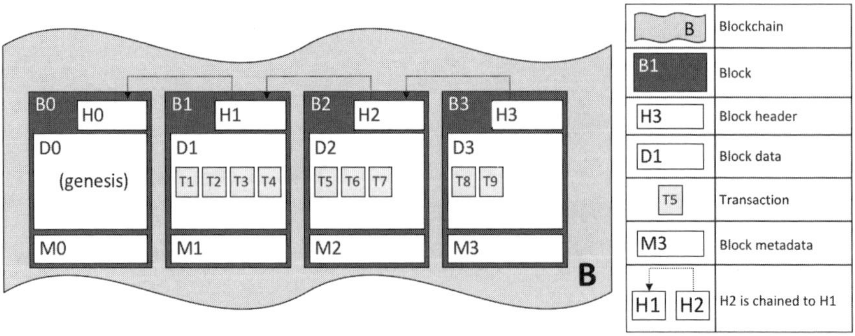

（出典）　https://hyperledger-fabric.readthedocs.io/en/release-1.4/_images/ledger.
diagram.2.png

⑷　アイデンティティとMSP（Membership Service Provider）

- 認証局：Hyperledger Fabricネットワークに参加するすべてのクライアント（アプリケーション・ユーザー，組織の管理者，等）とノード（ピア，オーダラー）は公開鍵認証基盤（PKI）に準拠した認証局が発行するアイデンティティ（ID）を持つ。このため，Hyperledger FabricにはFabric-CAという自己署名証明書を発行するためのルート認証局（Root Certificate Authority-RCA）が含まれている。

- 組織：Hyperledger Fabricネットワークに参加するすべてのクライアントとノードは組織に所属する。組織は巨大な企業から個人商店までその規模は様々であるが，組織は所属するクライアントとノードのアイデンティティを発行する認証局を持っていて，その認証局から発行されるアイデンティティだけがHyperledger Fabricネットワークで有効になる。組織と認証局を対応させることで，組織がアイデンティティのトラストドメインになる。

- MSP（Membership Service Provider）：認証局が発行したアイデンティティ

は無条件に Hyperledger Fabric ネットワークに受け入れられるのではなく，あらかじめ決められた認証局から発行されたものだけが正規のアイデンティティとして認められる。この受付可能なアイデンティティを識別するのが MSP の役割である。クレジットカードで買い物をする時，カードが正当なクレジットカード会社から発行されており，店がそのカード会社のカードを取り扱っていることが必要であるが，Hyperledger Fabric では認証局がカード会社，MSP が取り扱い可能なカード会社のリストに対応していると考えてほしい。

　MSP はピアとオーダラーの実行プログラムの一部とデータ構造体からなるが，Hyperledger Fabric ネットワークの運用者の目に触れるのは後者で，このデータ構造体を指して MSP と呼ぶことが多い。MSP は有効なアイデンティティを発行する認証局（複数でも可）を特定するが，その認証局は組織と対応しているため，データ構造体としての MSP には組織の名前をつけて ORG1MSP などと命名するのが一般的である。

　有効なアイデンティティは文脈（コンテクスト）によって異なる。例えば組織 ORGA に属するピア ORGA_Peer 1と組織 ORGB に属するピア ORGB_Peer 1があり，両方がチャネル channel 1に接続している場合，ORGA_Peer 1 のローカルリソースに対する処理（例えばピアへのチェーンコードのインストール）を行うことが可能なアイデンティティと channel 1のチャネル全体に対する処理（例えばチェーンコードのインスタンス化）を行うことが可能なアイデンティティでは有効な範囲が異なる。前者は ORGA に対応する認証局 CAA から発行されるアイデンティティが有効であり，後者は ORGA または ORGB に対応する認証局 CAA または CAB から発行されるアイデンティティが有効になる。このように処理のスコープごとに異なるニーズに応えるため，MSP はローカル MSP とグローバル MSP の2種類が存在する。ローカル MSP はピア，オーダラー，クライアントアプリケーションのファイルシステム内にそれぞれ存在する。チャネル MSP はアプリケーションチャネルおよびシステムチャネルごとに存在し，そのコピーがピア，オーダ

ラーのファイルシステム内にとられる。

MSPのデータ構造を以下に示すと**図表2-11**のようになる。アイデンティティを発行する認証局（Root CAs, Intermediate CAs）が最重要であるが，合計9つのコンポーネントからなる。証明書（Signing Certificates）とキーストア（Private Keys）はローカルMSPにだけ存在し，例えばピアはこれらを使ってトランザクションのエンドースメント結果（Transaction Response）に電子署名を行う。

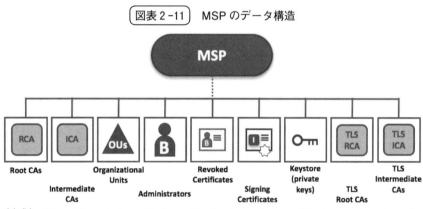

図表2-11 MSPのデータ構造

（出典） https://hyperledger-fabric.readthedocs.io/en/release-1.4/_images/membership.diagram.5.png

8 アプリケーション開発

⑴ アプリケーションシナリオ

ブロックチェーンアプリケーションがどのように開発されるか，コマーシャルペーパー（無担保約束手形）のユースケースを例に考えてみよう。製造業のMagnetoCorpが短期資金調達のため満期6ヶ月，額面500万ドルのコマーシャ

ルペーパーを複数回発行し，これを売買する金融機関 DigiBank，BigFund，BrokerHouse，HedgeMatic とブロックチェーンネットワーク PaperNet 上で取引するものとする。コマーシャルペーパーの格付けを行う RateM もネットワークに参加する。

　金融機関同士は互いに競合関係にあり，割引率については MagnetoCorp と金融機関は利害が反している。また RateM は中立的な立場で格付けを行う必要がある。ブロックチェーンを利用することで，このように利害が必ずしも一致しない参加者同士が信頼して取引を行えるようなビジネスネットワークを提供することができる。

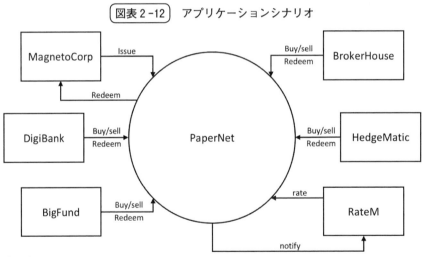

図表2-12　アプリケーションシナリオ

（出典）　https://hyperledger-fabric.readthedocs.io/en/release-1.4/_images/develop.diagram.1.png

⑵　コマーシャルペーパー（CP）のライフサイクル

　CP の状態は，発行直後は issued，金融機関に購入されると trading，償還されると redeemed へと遷移する。

図表2-13　コマーシャルペーパーの状態遷移(1)

（出典）https://hyperledger-fabric.readthedocs.io/en/release-1.4/_images/develop.
diagram.4.png

　CPの属性は，発行者（Issuer），手形番号（Paper），所有者（Owner），発行日（Issue date），償還日（Maturity），額面（Face value），現在の状態（Current state）からなり，発行者と手形番号の組合せがキーとなってCPを特定することができる。MagnetoCorpがCPを発行，DigiBankが購入，そして償還した場合のトランザクション，それに伴うCPの状態の変化（属性の値の変化）は**図表2-14**のようになる。

　ブロックチェーンのアプリケーション開発とは，このようなトランザクションを発行するクライアントアプリケーションとそれを受けてワールドステートにビジネスオブジェクトを作成し，その属性を読み書きするスマートコントラクトを作成することである。

図表2-14　コマーシャルペーパーの状態遷移(2)

Issuer = MagnetoCorp	Issuer = MagnetoCorp	Issuer = MagnetoCorp
Paper = 00001	Paper = 00001	Paper = 00001
Owner = MagnetoCorp	Owner = DigiBank	Owner = MagnetoCorp
Issue date = 31 May 2020	Issue date = 31 May 2020	Issue date = 31 May 2020
Maturity = 30 November 2020	Maturity date = 30 November 2020	Maturity date = 30 November 2020
Face value = 5M USD	Face value = 5M USD	Face value = 5M USD
Current state = issued	Current state = trading	Current state = redeemed

トランザクション

Txn = issue	Txn = buy	Txn = redeem
Issuer = MagnetoCorp	Issuer = MagnetoCorp	Issuer = MagnetoCorp
Paper = 00001	Paper = 00001	Paper = 00001
Issue time = 31 May 2020 09:00:00 EST	Current owner = MagnetoCorp	Current owner = DigiBank
Maturity date = 30 November 2020	New owner = DigiBank	Redeem time = 30 Nov 2020 12:00:00 EST
Face value = 5M USD	Purchase time = 31 May 2020 10:00:00 EST	
	Price = 4.94M USD	

⑶ スマートコントラクト

スマートコントラクトはワールドステートに記録されるビジネスオブジェクトの正しい状態とそれを遷移させるトランザクションロジックを規定するプログラムで，JavaScript, TypeScript, Java, GOLANG で記述される。スマートコントラクトはワールドステート内のビジネスオブジェクトを読む（get），書く（put），削除（delete）することができる。またブロックチェーンのトランザクションログを読む（query）こともできる。

スマートコントラクトはチェーンコードとしてパッケージされてピアにインストール，インスタンス化される。チェーンコードはスマートコントラクトを1つだけ含むのが一般的であるが，複数のスマートコントラクトを含むこともできる。チェーンコードに付帯するエンドースメントポリシーは，クライアントアプリケーションから送られたトランザクションプロポーザルがどの組織のピアにエンドースされたら正当なトランザクションになるかを規定する。このポリシーはそのチェーンコードに含まれるすべてのスマートコントラクトに適用される。

PaperNet ネットワークのスマートコントラクト開発の流れは以下のようになる。

1．ビジネスモデリングから抽出したビジネスオブジェクトの構造，インメモリーでの処理メソッドをクラスに記述する。
2．インメモリーのビジネスオブジェクトをワールドステートに読み書きするためのクラスを記述する。このクラスでは，同種のビジネスオブジェクトを収容するリストを定義し，ビジネスオブジェクトはリスト名との合成キーによってワールドステートへ読み書きする。これによりビジネスオブジェクトがリストに所属する関係が表現される。
3．これらのクラスを利用してトランザクションロジックをメソッドとして定

義するスマートコントラクトクラスを記述する。

PaperNet のスマートコントラクト開発の詳細については巻末の「付録 A.1」を参照のこと。

⑷　クライアントアプリケーション

クライアントアプリケーションは，Hyperledger Fabric SDK（Software Development Kit）が提供する API を利用してビジネスネットワーク（ブロックチェーンネットワークの特定のチャネル）に接続し，トランザクションを発行することでワールドステートに Key-Value ペアを作成したり，Value を変更したり，Key-Value ペアを削除することができる。また SDK の API を利用してワールドステートやブロックチェーンの内容を読み出すことができる。

クライアントアプリケーションがスマートコントラクトを呼び出してトランザクションを発行し，結果を処理するまでの流れは次の6つのステップからなる。

図表 2 -15　クライアントアプリケーション

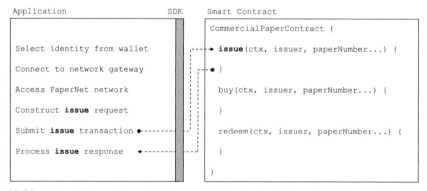

（出典）　https://hyperledger-fabric.readthedocs.io/en/release-1.4/_images/develop.
　　　　diagram.3.png

1．ウォレットからアイデンティティを選ぶ：ローカルファイルシステムに保持されている特定のユーザーのウォレットを選択する。ウォレットはお金を入れる財布ではなく，X.509電子証明書等のアイデンティティの入れ物である。

2．ゲートウェイを利用してブロックチェーンネットワークに接続する：アプリケーション内の専用の入口（ゲートウェイ）を利用してブロックチェーンネットワークにアクセスする。ゲートウェイはコネクションプロファイル（ローカルファイルシステムに保持されている yaml ファイル）から接続先ピアのネットワークアドレス等を取得してブロックチェーンネットワークに接続する。

3．ビジネスネットワーク（チャネル）にアクセスする：ブロックチェーンネットワークのピアノードは一般に複数のチャネルに接続しているが，その中から特定のチャネルを選択する。クライアントアプリケーションは同時に複数のチャネルにアクセスすることが可能である。

4．スマートコントラクトを取得する：トランザクションを発行するために，チャネルからスマートコントラクトを取得する。

5．トランザクションを発行する：スマートコントラクトのメソッドにトランザクションの属性値を渡してトランザクション処理をリクエストする。

    Txn = issue
    Issuer = MagnetoCorp
    Paper = 00001
    Issue time = 31 May 2020 09 : 00 : 00 EST
    Maturity date = 30 November 2020
    Face value = 5M USD

6．レスポンスを処理する：スマートコントラクトのメソッドの戻り値として，スマートコントラクトの処理結果を受け取りクライアントアプリケーションとしての処理を行う。スマートコントラクトのメソッドは非同期メソッドであり，呼び出しから戻り値が返るまで，その背後では複数ピアによるエンドースメント，オーダラーによる順序付けとブロックへのパッケージング，

コミッティングピアによる検証と台帳への結果の反映（コミット処理）という一連の処理が行われている。戻り値が返るタイミングは，どれか1つのコミッティングピアのコミット処理から成功イベントが届いた時か，すべてのコミッティングピアからコミット成功のイベントが届いた時かはコネクションプロファイルのイベントストラテジーで指定できる。

PaperNet のクライアントアプリケーション開発の詳細については巻末の「付録 A.2」を参照のこと。

⑸　開発・テスト環境

Hyperledger Fabric のクライアントアプリケーションとチェーンコードは JavaScript などの汎用プログラム言語で書けるので，それらがサポートされている一般的な IDE（Integrated Development Environment）やテキストエディターであれば利用可能である。しかしチェーンコードを開発するのであれば，オープンソースの Visual Studio Code（VS Code）に IBM Blockchain Platform Extension for VS Code（こちらも無料で使える）をプラグインして使うのが次の理由でお薦めである。

- チェーンコードの文法チェックができる。
- チェーンコードをパッケージして .csd ファイル（chaincode deployment spec）を作成できる。.csd ファイルは VS Code からエキスポートして，Hyperledger Fabric のピアにインストール，インスタンス化して利用できる。
- ローカルに Hyperledger Fabric の実行環境ができる。別に環境を立ち上げなくてもローカル環境でチェーンコードのテストができる。
- Gateway からスマートコントラクトのトランザクションを実行できる。

VS Code でチェーンコードを開発して，ローカルで単体テストを行った後でクラウド上などに構築された Hyperledger Fabric プラットフォームにデプ

ロイしてシステムテストを行い，ステージング環境から本番環境へと進めるの
が開発の流れになる。

　以下に IBM Blockchain Platform Extension for VS Code をプラグインした
VS Code の機能を説明したい。

図表 2 -16　Visual Studio Code の画面

　Visual Studio Code の本体についてはサイト（https://code.visualstudio.
com/）からダウンロードできる。

図表2-17 IBM Blockchain Platform Extension for VS Code のインストール

　左のサイドバーの上から5番目のアイコン（Extension）をクリックして，マーケットプレースから IBM Blockchain Platform Extension for VS Code を探してインストールする。

図表2-18 スマートコントラクトの作成

　左のサイドバーの1番上のアイコン（Explorer）をクリックして，サイドペイン内のワークスペースからソースコード（src）を選んでスマートコントラクトを作成する。

図表2-19　スマートコントラクトのデプロイ

　左のサイドバーの1番下のアイコン（IBM Blockchain Platform）をクリックすると，SMART CONTRACTS，FABRIC ENVIRONMENTS，FABRIC GATEWAYS，FABRIC WALLETSからなるサイドペインが開く。

　SMART CONTRACTSペインでは，作成したスマートコントラクトをパッケージして.csdファイル（chaincode deployment spec）を作成できる。.csdファイルはVS Codeからエキスポートして，IBM Blockchain Platform for IBM Cloudなど任意のHyperledger Fabricのピアノードにデプロイすることができる。

図表 2 -20 スマートコントラクトのテスト環境起動

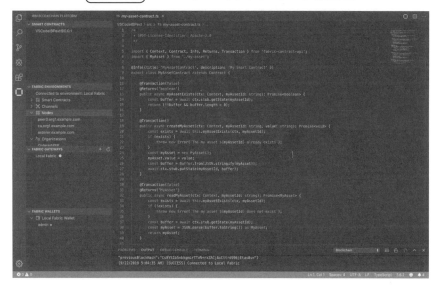

　FABRIC ENVIRONMENTS ペインからは，Hyperledger Fabric の実行環境をローカルに起動することができる。組織 2 つ（OrdererMSP, Org1MSP），CA，ピア，オーダーラーがそれぞれ 1 つずつ，チャネル 1 つ（mychannel）の小規模なテスト環境が立ち上がる。ピアノードに .csd ファイルをデプロイできる。

図表2-21　スマートコントラクトのテスト

　FABRIC GATEWAYSペインからは，Hyperledger Fabricの実行環境に接続してスマートコントラクトを実行することができる。FABRIC ENVIRON-MENTSペインでローカルに立ち上げた環境，またはコネクションプロファイルを指定してIBM Blockchain Platform for IBM Cloudなどの外部のHyperledger Fabric環境に接続して，スマートコントラクトのテストを行うことができる。クライアントアプリケーションを作らずにスマートコントラクトをテストできる。

第**3**章

代表的なブロックチェーンの活用事例

食の信頼向上を目指すトレーサビリティー

　食の信頼向上に向けて，食のバリュー・チェーン全体にわたる取引の透明化を実現するブロックチェーンを活用した業界プラットフォームとして IBM Food Trust が有名である。2018年10月に商用化された IBM Food Trust には，欧米の食品業界における主要企業が既に参加しており，次節で解説する TradeLens 同様に非金融領域での先行事例として大きな注目を集めている。

(1) 背　景

　日本で暮らしているとあまり実感がないが，食にまつわる安全と透明性の確保は世界的に重要な課題である。統計によれば，毎年10人に1人が飲食に起因する健康被害を受け[1]，37万人が亡くなっている。米国では2006年に26の州にまたがる199件に及ぶ大規模な大腸菌の感染症により，3名の方が犠牲になった。ある1日の1サプライヤーによるたった1つのロットの商品に問題があっただけで，業界が信頼と業績を回復するのに6〜7年を費やすことになった。しかし，12年たった2018年時点でも状況は大きく改善していない。2018年にロメインレタスに起因する大腸菌の感染症が再び大規模に拡大したが，発生源が迅速に特定できなかった結果，犠牲者が出る悲劇が繰り返された。このように現状では，ある商品で問題が発生しても，その発生源を特定するのは容易ではない。これは，食のサプライチェーンは関係者が多く複雑であり，情報のやりとりもいまだに書類に頼ることが多いためである。情報が電子化されている場合でも，旧来型の EDI（電子データ交換）で1対1で接続されているケースが多く，サプライチェーンにおいて自身の前後の取引状況しか把握できていない。したがって，有事には電話，メール，業務システム，関連書類などあらゆ

1　WHO2010調査
　　https://www.mhlw.go.jp/file/06-Seisakujouhou-11130500-Shokuhinanzenbu/0000090137.pdf

る情報源をしらみつぶしに調べることになり，早くても数日を要する。原因が特定できない間は疑わしい商品は棚から回収せざるを得ず，販売機会の大きな損失となる。また，健康被害の拡大も免れない。このような問題は日本でも過去に発生しており，対岸の火事では済まされない。

⑵　提供される価値

そこで期待されるのがサプライチェーンのすべての関係者が同じ情報を改ざんされない形で即座に共有できるブロックチェーンである。これにいち早く目をつけた世界最大の小売企業である米ウォルマートは，IBMと清華大学とともに中国でブロックチェーンを使った豚肉のトレーサビリティーの実証実験を行い，26時間かかっていた発生源の特定が数秒で可能となることを確認した。その後，京東集団との内モンゴルから中国沿岸大都市への牛肉のトレーサビリティーや北米でのマンゴーのトレーサビリティーなど，商品や場所を変えて実証実験を繰り返し，その効果を確信するに至った（**図表3-1，3-2**）。

食の信頼確保はウォルマート単独の課題ではなく，業界全体で取り組むべき共通課題であることから，競合する小売他社を含む食品業界の主要プレーヤー

図表3-1　ブロックチェーンでマンゴーのパッケージの追跡が約1週間から2.2秒に短縮

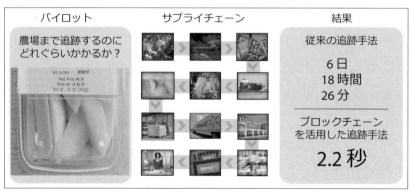

図表 3 - 2　ウォルマート単独の実証実験から業界プラットフォームへの歩み

10社とともにブロックチェーンを核としたソリューション開発に取り組むことを2017年８月に宣言し，IBM Food Trust と呼ばれる業界プラットフォームへと結実した。IBM Food Trust は2018年に商用化され，全米の主要な小売やフランスのカルフールも参加するに至っている。現在はサプライチェーン全体の商品の来歴と検査結果などの証明書の管理，および，集まったデータをもとに商品の配送や倉庫保管内での鮮度管理の状況の分析を行うモジュールが提供されている。また，今後，消費者をターゲットにしたアプリケーションなど機能が拡充されていく予定である。

⑶　提供される機能

　IBM Food Trust では「データエントリー」「トレース」「証明書管理」「フレッシュネス」の４つの機能が提供されている。「データエントリー」機能は，サプライチェーンにおける各参加者が，GS 1[2]標準に準拠したフォーマットで「いつ」「誰が」「どこで」「何をした」かを記録するためのインターフェースを

2　GS 1 とは，①世界共通の商品識別番号の設定方法②商品識別番号をバーコードや RFID で表す方法などについて，国際的なルールを定める標準化団体。

図表3-3 特定ロットの冷凍ピザの来歴を追跡する画面

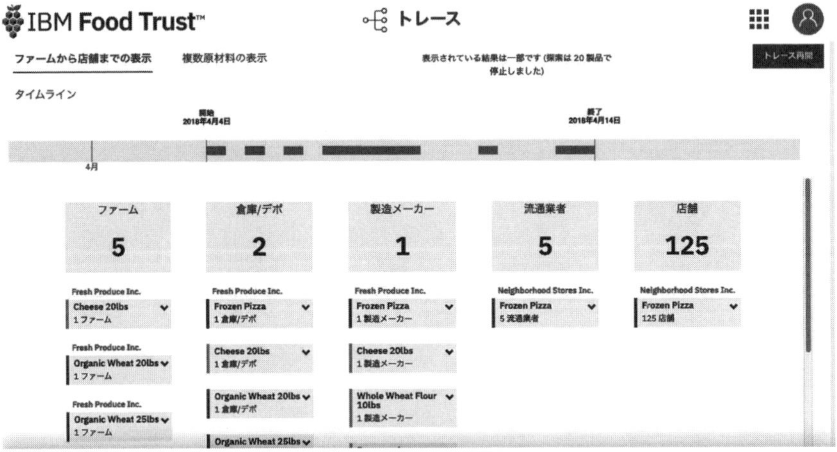

提供する。「トレース」機能では，「データエントリー」機能を通じて蓄積されたデータとアクセス制御に基づいて，商品名や商品番号，ロット番号やコンテナ／パレット番号をキーに特定の商品の来歴を瞬時に可視化することを支援する（**図表3-3**）。

　なお，加工品については原材料から加工に至るまでの変遷を確認できる（**図表3-4**）。

　「証明書管理」機能は，各工程における検査記録をブロックチェーンによる高い耐改ざん性のもと安全に管理することを可能とする（**図表3-5**）。

　最後の「フレッシュネス」機能は，流通の過程の各拠点にどのくらい該当の食品が滞留しているのかを可視化する機能を提供している。

　今後は川上の農家などが簡単に情報を入力するためのインターフェース，消費者が手に取った商品の来歴を確認するためのモバイル・アプリの開発フレームワーク，配送・保管工程における鮮度分析のための仕組みが基本機能として追加されていく予定である。

図表 3-4　冷凍ピザの原材料の確認

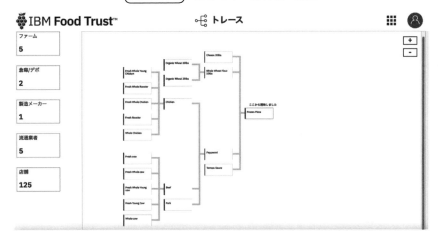

図表 3-5　生産過程の検査結果に関する証明書の確認画面

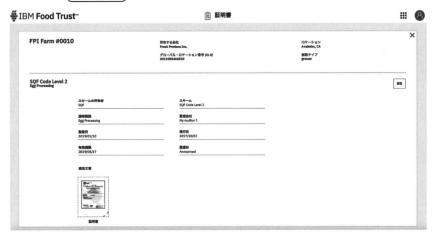

⑷ 参加プレーヤー

2018年10月の商用化開始以来，IBM Food Trust には生産，流通，製造・加工，小売に至るあらゆる組織が参加している。代表的な参加者は，米ウォルマート，米食品スーパー大手のアルバートソンズ，仏カルフール，米ゴールデンステートフーズ，ネスレ（スイス）などである。なかでもウォルマートは葉物野菜を扱う業者に対して期限つきで IBM Food Trust の利用を取引条件としており，取組みが本格化していることがうかがえる。

ハンバーガーチェーンに食材を提供するゴールデンステートフーズでは IBM Food Trust と温度管理を組み合わせ，賞味期限切れを防止するソリューションを開発している。ゴールデンステートフーズは従来は冷凍パテを中心にハンバーガーチェーンに食材を提供してきた。冷凍パテの賞味期限は70日であったため，細かい温度管理は不要であったが，昨今の高級バーガー・ブームにより，生のパテの提供が増えてきた。この場合，賞味期限が一気に14日に短縮されるため，従来より高度な温度管理が不可欠となっている。そこで，IBM Food Trust で収集されるデータとサプライチェーン上での温度推移を組み合わせた新たなアプリケーションと，本部・店舗・サプライヤー別のダッシュボードを開発し，きめ細かい鮮度管理を行うようになった。このようにサプライチェーン上のイベントが透明化されることで，問題発生時の対応を早めるだけでなく，付加価値の高いサービスの提供にも繋がっている。

ネットワークが拡大するにつれ参加者同士が繋がるサービスも生まれている。ネスレは「Mousline」ブランドのインスタントマッシュポテトがネスレの工場からカルフールの店舗に届くまでを，製品パッケージの QR コードをスマートフォンで読み取ることで追跡できるようにした。同サービスの基盤となる IBM Food Trust には，製品の生産データや品質管理パラメータだけでなく，貯蔵期間や倉庫の位置なども蓄積される。これにより，消費者は，原材料のジャガイモを生産した農家や加工方法の情報にもアクセスすることが可能となる。

(5)　ブロックチェーンを活用する意義

　前述のとおり，この取組みはウォルマートの実証実験から始まっている。ウォルマート級の規模と信用力を持つ会社であれば，自社のバリューチェーンにおけるトレーサビリティーの仕組みを Walmart Food Trust として，従来型の中央集権型システムを用いて開発しても何ら不思議ではない。しかし，ウォルマートは，食の信頼は業界共通で取り組むべき課題と認識していたため，業界の有力なプレーヤーに呼びかけてブロックチェーンによる共同プラットフォームで実現する道を選択した。もし，Walmart Food Trust としてウォルマート単独のプラットフォームとして提供されていたら，競合する米大手食品スーパーのクローガー，カルフール，米食品スーパー大手のアルバートソンズなどの参加はなかっただろう。また，ネスレなどの食品メーカーにとっても，商品を納める小売ごとにシステムが乱立すれば，その都度対応しなければならなかっただろう。

　IBM Food Trust は，あらゆる参加者を繋ぐ共通基盤としての役割を果たしており，GS1 に準拠したデータモデルを採用していることからデータの標準化も実現できる。まさに，食の信頼向上を実現するための業界プラットフォームに発展していくことが期待できる。IBM Food Trust 上に情報が蓄積されていけば，ゴールデンステートフーズのように温度管理を高度化し，競合他社との差別化やプラットフォームビジネスへの発展なども見込める。今後は，検査機器メーカーの参入など業界をまたがる進展も期待できる。

　このように，IBM Food Trust の活用シーンは，単なるトレーサビリティーにとどまらない。その本質は，トレーサビリティーを実装した結果としてのサプライチェーン全体の可視化にあると言える（**図表3-6**）。昨今話題となることの多いフードロス問題に目を向けてみよう。世界では，3分の1の生鮮果物と野菜は，品質が許容できないレベルに劣化したとの理由で廃棄されている[3]。

3　国連食糧農業機関の2011年調査

図表3-6 非競争領域におけるプラットフォームの共有化と独自の付加価値サービス

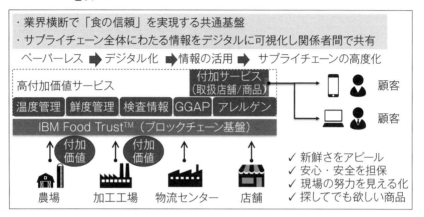

サプライチェーン全体が可視化されると，該当食品のバリューチェーン全体にわたる在庫量を把握することが可能となり，過剰在庫の削減や流通過程で消費期限に迫った食品を特定して，より早く消費者の手に渡るような物流の計画変更等を通して，サプライチェーン全体のフードロス削減にも寄与することができるだろう。

2　国際貿易プロセスのデジタル化

　A.P. モラー・マースク（デンマーク）（以下，「マースク」）と IBM は貿易プロセスの可視化・効率化の実現を目指したブロックチェーンのプラットフォームである TradeLens を共同で開発し，2018年12月に商用サービスを開始している。これまでは金融業界中心に活用が検討されていたブロックチェーンであるが，TradeLens は非金融領域での先行事例として注目されている。また，2019年5月には海運最大手の一角を占める欧州最大手の MSC と仏 CMA CGM が，また同7月には独ハパックロイド，日本の海運大手3社のコンテナ船事業統合会社であるオーシャン・ネットワーク・エクスプレス

（ONE）が相次いで TradeLens への参加を表明し，世界の海運市場の半分以上をカバーする情報プラットフォームとして拡大しつつある。

(1)　背　　景

　現在の国際貿易における事務作業は「情報のバケツリレー」とも言われているが，それは貿易取引に関わるプレーヤーの多さと，各プレーヤー内でサイロ化された IT システムに起因していると言える。売手（輸出企業）から買手（輸入企業）に商品や荷物が届くまでに，フォワーダー，海貨業者，ターミナルオペレーター，規制当局，税関，船会社，貿易保険会社，金融機関など，多くのプレーヤーが関与することになる。また，貿易取引においてはそれらプレーヤー間で船積指示書（Shipping Instruction）や，船荷証券（Bill of Lading），信用状（Letter of Credit）など，様々な貿易ドキュメントが扱われ，その数は 1 つの取引で数十種類に及ぶ場合もある。

　これら多くのプレーヤーが紙やメールを中心とした情報連携をしており，あるプレーヤーが作成した紙書類を，次のプレーヤーが参照・転記して別のドキュメントを作成するといった作業や，紙の貿易書類を郵便等で相手国に送るなど，非効率的な作業が多く残っている状態にある（**図表 3 - 7**）。例えば，アボカドを詰めたコンテナをアフリカのケニアからオランダのロッテルダムに海上輸送する場合，30組織にまたがる100人の関係者の間で延べ200回もの紙ベースのやり取りが発生している。農場から小売店舗に至るプロセスでは，全体の輸送日数34日のうち10日が書類の処理に費やされたという調査も存在する。

　国際貿易事務における書類の処理に要するコストは，輸送コストの15〜35％に相当すると報告されている。四方を海で囲まれ，輸出入量ベースで99％強，金額ベースで70％強の貿易を海上コンテナ輸送に頼る日本にとって，貿易プロセスの効率化はとりわけ重要なテーマと言えるだろう。

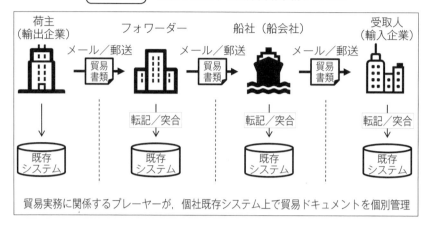

図表3-7　複雑で非効率な国際貿易事務プロセス

(2)　提供される価値

　TradeLens は国際貿易に関わるプレーヤー同士の情報共有基盤として機能することで,「情報のバケツリレー」のような非効率な状況を解消し,海運業界のコスト削減と効率化の実現を目指している。

　詳細は後述するが,現時点において TradeLens は貿易イベントの通知と,貿易ドキュメント共有機能が提供される。提供されるデータ・機能を単体で見ると非常にシンプルなものであるが,それらを上手く活用するアプリケーションを構築することで業務効率化に繋がる可能性があり,実際に先行する荷主はその取組みを始めつつある（**図表3-8**）。

　一例として,荷主が TradeLens の貿易イベントデータをもとに想定されるインボイスを作成,各取引先から送られてくる実際の請求書と突き合わせることで,その請求内容の妥当性を検証する仕組みとして活用している（**図表3-9**）。倉庫会社からの請求を例にとると,ある地域において,荷物の保管期限は取引先の申告内容に頼らざるを得ない状況があり,過大請求が疑われるケースが散見された。TradeLens の貿易イベントにより荷物保管期間を把握する

図表 3 - 8 　 TradeLens により貿易プロセス全体の可視化とドキュメントの共有が可能

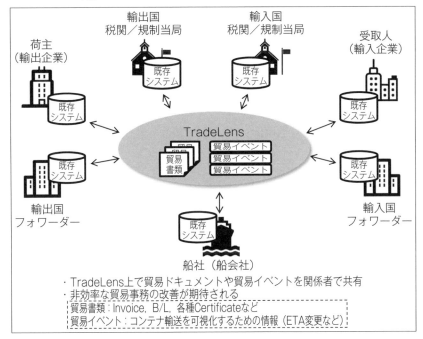

図表 3 - 9 　 貿易イベントを活用したインボイス作成

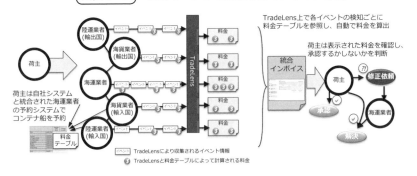

ことが可能となり，不正な請求に対して高い交渉力を持つことに繋がると考えられる。

　その他にも，ETA（Estimated Time Arrival：船の予定到着時刻）は運行状況に応じて変更されることがあるが，変更が発生するとその情報を貿易イベントとして TradeLens に連携され，関係するプレーヤーがリアルタイムで参照することが可能となる。輸入国側では ETA の状況に合わせて輸入荷物の保管倉庫や陸送手段の手配が必要になるが，これらイベントを運送に関係するプレーヤーでリアルタイムで共有することで，業務効率化を実現することが可能になると考えられる。また，貿易ドキュメント共有機能もいろいろな活用方法が考えられる。例えば，船会社が海上運送状（Sea Waybill）を発行した場合，そのデータは構造化データとして TradeLens 上にアップされ，荷主は海上運送状の発行イベントをトリガーにしてそのデータにアクセスすることが可能となる。このことにより，その内容が船積指示書（Shipping Instruction）と乖離がないかなどの整合性チェックを早期に行うことが可能となる。また，現在はそれらデータを手入力で自社基幹系システムへインプットしているケースも多いと思われるが，TradeLens の API を介して自動データ連携を実現することで業務効率化の実現が考えられる。

　このように TradeLens では，国際貿易に関わるプレーヤー間で貿易イベントや貿易ドキュメントデータを共有するための基盤を提供することで，業務コストの削減や効率化を目指している。プラットフォームが立ち上がった現時点においては基本的な機能の提供となっているが，今後はより高度な機能が提供される予定である。

⑶　提供される機能

　TradeLens には執筆時点で121の貿易イベントが定義されている。利用者は船積み時間の計画値と実測値，通関許可，輸出コンテナ重量情報の伝達，コン

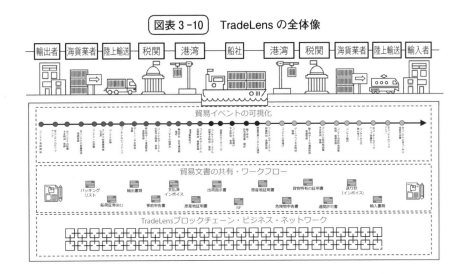

図表3-10 TradeLens の全体像

テナ追跡の開始などの情報を，API を通じて簡単に取得できる。既存システムやモバイルアプリとの連携も非常に容易である。

　また，19種類の貿易書類を関係者間で共有できる。貿易書類のうち特に重要な「海上運送状（Sea Waybill）」「コマーシャルインボイス」「パッキングリスト」は，PDF や JPEG などの非構造化データとしてプラットフォーム上で保管・共有することが可能である。これにより，書類の各項目をデジタルデータとして扱えるため既存システムとの連携がより容易となり，多重入力を回避できる。今後も重要度の高い貿易書類から順次，構造化データへの対応を拡充する予定である（**図表3-10**）。

⑷　参加プレーヤー

　TradeLens のエコシステムは「ネットワークメンバー」「顧客」「アプリケーションマーケットプレース」の3グループから構成されている（**図表3-11**）。

　「ネットワークメンバー」は，コンテナ船社，港湾当局，ターミナル事業者，税関，内陸輸送事業者など，貿易イベントの可視化や貿易書類の共有に欠かせ

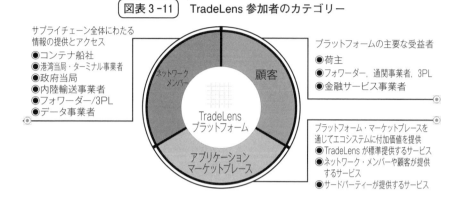

図表3-11 TradeLens 参加者のカテゴリー

サプライチェーン全体にわたる
情報の提供とアクセス
●コンテナ船社
●港湾当局・ターミナル事業者
●政府当局
●内陸輸送事業者
●フォワーダー/3PL
●データ事業者

ネットワーク
メンバー

顧客

TradeLens
プラットフォーム

アプリケーション
マーケットプレース

プラットフォームの主要な受益者
●荷主
●フォワーダー，通関事業者，3PL
●金融サービス事業者

プラットフォーム・マーケットプレースを
通じてエコシステムに付加価値を提供
●TradeLens が標準提供するサービス
●ネットワーク・メンバーや顧客が提供
　するサービス
●サードパーティーが提供するサービス

ないデータ提供者が該当する。また，この中でプラットフォームを支えるキープレーヤーとなるコンテナ船社については，現時点において，マースクに加えて欧州最大手の MSC，仏 CMA CGM，独ハパックロイド，日本の ONE が参加を表明しており，世界の海運市場の半分以上をカバーしている。また，日本国内の動きで言うと，三菱倉庫がターミナルオペレーターとして TradeLens と接続し，主要港（東京港，横浜港，名古屋港，大阪港，神戸港，博多港）におけるコンテナ・ターミナル・オペレーションに関するデータの提供を開始している。

　「顧客」は，当プラットフォームの受益者となる荷主と，各種貿易業務を代行するフォワーダーである。将来的には海上保険会社や銀行なども顧客としてプラットフォームに参加することを想定している。

　「アプリケーションマーケットプレース」は，TradeLens が提供する標準的なサービスに加えて，TradeLens に蓄積されたデータを活用するアプリケーション開発を促進することで，プラットフォームの付加価値向上を狙うものである。

⑸　ブロックチェーンを活用する意義

　TradeLens を構成するブロックチェーンネットワークは，コンテナ船社が台帳を保持する形となっている。競合他船社と共同でブロックチェーンネットワークを維持することで，公共性の高い海運業界プラットフォームを構築することが目的であり，ブロックチェーン活用の意義がそこにある。

　図表3-12のノードはブロックチェーンの台帳を示し，チャネルというのはHyperledger Fabric が提供するセキュリティ機能のひとつで，論理的なブロッ

図表3-12　TradeLens におけるブロックチェーン台帳の構成

TradeLens	船社1 チャネル	船社2 チャネル	船社3 チャネル	チャネル…
TradeLens ノード	◉	◉	◉	◉
船社				
船社1ノード	◉			
船社2ノード		◉		
船社3ノード			◉	
ノード…				◉
他の参加者				
他の参加者 ノード	◉		◉	
他の参加者 ノード		◉		
他の参加者 ノード		◉	◉	◉

赤丸はチャネルに参加するノードを表す

クチェーン台帳を構築するものである。例えば，船社1は船社1チャネル内に
ノードを持ち，船社2の台帳・データにはアクセスすることが不可能となる。
これにより船社ごとにデータ・セキュリティを維持することになる。

　また，ブロックチェーン台帳の構成といったテクノロジーの側面だけでなく，
ガバナンスという観点でも公共性を意識している。TradeLens が海運業界プ
ラットフォームとして，より提供価値を高めるためにマースクと IBM のみな
らず，主要プレーヤーが参画する「TradeLens Industry Advisory Board」を
組成しており，この中でプラットフォームの標準化や機能拡張の決定が行われ
る運用となる。

　国際貿易の電子化は古くて新しいテーマである。国内外においてもこれまで
長年にわたり官民で様々な取組みが行われてきた。しかしブロックチェーンと
いう新しい技術の登場によりその転機が訪れていると言えるだろう。

　ブロックチェーンを活用し，また多くのコンテナ船社が参加する TradeLens
が国際貿易の改革をリードすべく，業界標準プラットフォームとしてスケール
しつつある。

（情報リンク）
• 「Maersk と IBM，TradeLens ブロックチェーン国際貿易ソリューションを発表
　（2018/10/8）」
　https://www-03.ibm.com/press/jp/ja/pressrelease/54222.wss
• TradeLens HP：https://www.tradelens.com

3　欧州域内における中小企業向け貿易金融サービス

　we.trade は，ヨーロッパの金融機関が構築した中小企業間の契約締結から
貿易金融に至るプロセスの効率化の実現を目指したプラットフォームである。
実証実験当初は，"Digital Trade Chain" という呼び方で進められていたが，
2018年6月に参加金融機関によるジョイントベンチャー，we.trade が設立され，

本格的に運用を開始した。IBM は，当取組みのシステム基盤提供サービス／開発サービス／運用サービスを，取引先中小企業へ提供し支援している。

⑴ 背　　景

　欧州の中小企業が新たに取引先を開拓し取引開始する場合，取引先情報へのアクセス，取引先の信用調査，貿易プロセスの煩雑さ，決済に伴うリスクなど，複雑かつ難易度が高い業務処理が必要となる。また金融機関も，中小企業への金融サービス提供のリスク判定を行うための必要情報に手間と時間を要している。

⑵ 提供される機能と価値

　we.trade は，取引先中小企業への迅速／簡単／ペーパーレスな貿易金融サービスを提供するプラットフォームである（**図表 3 -13**）。中小企業同士があたかも相対で，取引契約から取引完了に至る一連の処理を，当プラットフォーム上

図表 3 -13　**we.trade の全体像と特徴**

事例：欧州における中小企業向けの貿易金融の取組み
　　　（we.trade）

ブロックチェーンを活用し、クロスボーダー取引を簡素化することで、取引先中小企業の貿易ビジネス拡大を促進するとともに、新しい取引先との新規ビジネス構築にて新たな収益源を切り開きます

購入者 Buyer　　　　　販売者 Supplier

ビジネスマッチング
契約プロセス

融資取引
決済支援

支払保証
決済支援

we.trade
more trust. more trade.

銀行間決済

購入者 取引銀行　　　　販売者 取引銀行

we.trade は…

✓ …取引先中小企業への**迅速／簡単／
　ペーパーレス**な貿易金融サービス

✓ …KYC確認済取引先との**自動化された
　end-to-end取引／決済**を実現

✓ …トレードエコシステム全体を**シーム
　レスに接続**

（出典）　https://we-trade.com/

でシームレスに実行できる。金融機関は，当プラットフォーム上での取引実行に必要な金融サービスを提供し，中小企業間の取引を支援する。we.trade は，クロスボーダー取引を簡素化することで，取引先中小企業の貿易ビジネス拡大を促進するとともに，新しい取引先との新規ビジネス構築にて新たな収益源を切り開くことを見込んでいる。

　中小企業側は，次のようなメリットを享受することができ，効率の良い取引先拡大に繋がる。
- 未知の取引先の身元確認不要（すべての参加企業は we.trade 上で KYC（本人確認）チェック済み）。
- 取引先との取引・支払リスクを，銀行の支払保証などの金融サービスを利用することにより軽減。
- スマートコントラクト活用による，業務自動処理が可能。
- 請求書融資契約により，運転資金の確保が可能。

　また，金融機関側は，次のようなメリットにより，金融サービスビジネスの拡大，および，業務処理効率化によるコスト削減も見込まれる。
- 複数国の銀行の顧客に信用できるアクセスを提供。
- 銀行間で専門知識と要員を共有。
- EU 圏内の取引3兆ユーロ（約360兆円）の市場に，取引先を導くことが可能。
- 今後のリリースでの追加サービスを含めた，新たな収益源の確立が可能。

⑶　参加プレーヤー

　現在は，欧州の金融機関（2019年10月現在：14金融機関）が中心でサービス提供を行っている。中小企業は，参加金融機関のいずれかとの取引があり，かつ，その金融機関にて KYC（本人確認）が完了された企業が参加している。今後の計画では，物流・保険などの異業種参加のネットワークとして拡張を想定している。

⑷　ブロックチェーンを活用する意義

　中小企業や金融機関が相互にデータ連携を行うにあたり，ブロックチェーン技術による "改ざんされない信頼できるデータ" を共有し，ビジネスを円滑に進めることができる。また，スマートコントラクトにより，参加者の業務処理が標準化し自動処理できることで，業務プロセスの不整合やデータ不整合の発生を回避でき，業務処理の効率化が可能となる。また，コンソーシアム型に適したブロックチェーン技術の活用により，信頼できる金融機関参加者のもと，個々の金融機関で必要なプライバシーを確保しつつ，参加者でデータを共有し効率を高めることが可能となる。

4 地方発金融サービスプラットフォーム

　地方発金融サービスプラットフォームは，地域金融機関を中心に設立されたコンソーシアムでの共同検討を通じて，まずは法人顧客向けサービスを徐々に拡張する基盤を構築し，マルチバンクでのサービス提供による利便性向上や，地方公共団体や地域法人も含めて，地域全体でのサービス参加による新たなビジネスを発掘し地域活性化を目指している。当プラットフォームサービスは，2019年3月から一部金融機関でサービスを開始している。

⑴　背　　景

　地方経済は，日本全体の経済停滞や人口減少などにより，経済縮小傾向が続いている。また，新たな技術革新により，利用者にとって使いやすく効率の良いサービスが提供可能となっているが，規模が小さい地方中小企業での取組みは遅々として進んでいないのが現状であり，地方中小企業への支援は地域全体の活性化に向け最重要課題であると言える。地域金融機関においても，フィン

テック等の技術革新により，顧客に魅力あるサービス提供を行う大手金融機関やネット専業銀行，海外企業を含めた新たなプレーヤーの参入により，厳しい競合に晒されている。このような環境下で，地元の地域中小企業をどのように支援するか，地域独自のサービスを展開できるか，課題となっている。

⑵　当取組みの狙い

　この取組みでは，ブロックチェーン技術による共同サービスを構築し，新たな金融ビジネスモデル構築に向けたアイデア集約と情報共有を目指している（**図表3-14，3-15**）。
①　地方の共通課題解決のための地方発金融サービスの提供。
・都市部／大企業向けではない，地方／中小企業の共通課題への取組みを推進。
・地方発での新たなサービスの構築や提供を可能とし，地域貢献，地域経済活性化にも寄与。
②　金融機関共同でのサービス構築によるコストダウンとサービス品質向上。
・新規技術に関する取組みのコストシェア。
③　地域金融機関／地方公共団体／地域法人をまたがったワンストップサービス提供で顧客利便性向上。

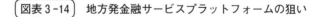

図表3-14　地方発金融サービスプラットフォームの狙い

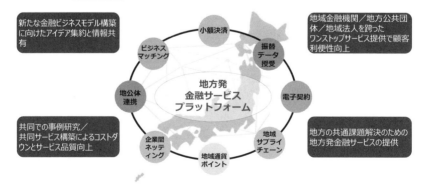

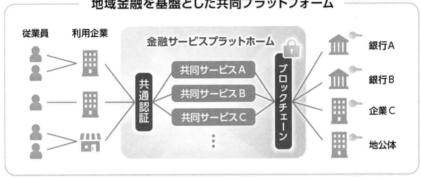

図表 3 -15　金融サービスプラットフォームの概要

（出典）　https://portal.fitting-hub.com/business.html

- 地方公共機関との連携を推進することにより，地域サービス提供基盤となり得ることとが推進されるとともに公金処理関連負担軽減の可能性あり。
④　ブロックチェーン技術を活用した新たな金融ビジネスモデルの構築。
- ブロックチェーンは，金融機関とお客様との間の取引の態様を，双方にとってメリットをもたらす形でビジネスを大きく変容させる可能性がある技術。
  ➤地域やネットワークの制限なくセキュアな環境で顧客との情報連携を可能とする。

⑶　サービスの特徴と提供される価値

金融サービスプラットフォームでは，ブロックチェーン技術の Hyperledger Fabric を利用し，サービス提供を行っている。特徴は，次のような点がある。
①　認証機能を統合することにより，ユーザーは金融機関を意識することなく，本プラットフォームにログインすることで，サービスを利用，管理可能。
②　ユーザーは，参加金融機関により本人確認済みで，プラットフォーム上で提供される各種サービスを利用可能。
③　各金融機関は，データ秘匿性を確保しながら，共同でサービスを提供する

ことが可能。共同での開発／運用の実現により，大幅なコストダウンが可能。
④　利用ユーザーは，各事業者独自のシステム構築を行う代わりに，当プラットフォームサービスをインターネット経由で利用することにより，事務効率化を図ることができる。また利用ユーザーは，将来的にはサービス提供者になり，新たなビジネス収益源として活用することも可能。

⑷　提供されるサービス

当初サービスとして，以下のサービスが提供可能である。
- データ授受サービス
- 取引明細サービス
- 電子交付サービス
- メッセージサービス

今後拡張予定サービスとして，以下のサービスが提供可能である。
- 電子契約サービス
- 小額決済サービス
- ビジネスマッチングサービス
- 企業間決済ネッティングサービス
  など

⑸　ブロックチェーンを活用する意義

当ネットワークでは，ブロックチェーン技術の価値と言われる
－改ざんできないデータによる信用の創造
－複数参加者によるガバナンスの確保
を活かした価値を提供する。
①　金融機関共通サービスの容易な提供
ユーザー向けマルチバンクサービスを容易に提供可能。各サービス提供者の

データ秘匿性は，暗号化技術等で確保される。

② 金融機関／地方事業者が連携した新しいビジネスモデル創出

　これまで実現が難しかった金融機関と地方事業者など異業種連携したサービス提供を容易にし，新しいビジネスモデルの創出を支援。

5 国際決済の効率化

　国境をまたぐ国際決済（クロスボーダー決済）では，清算と決済の両方で複数の中継銀行が関わる必要があり，取引の処理に時間とコストがかかっていた。ブロックチェーンはクロスボーダー決済の長年にわたる課題を解決することができる技術として期待されており，Ripple（リップル）をはじめ様々なプラットフォームが誕生している。ここでは，IBM が提供する IBM Blockchain World Wire を紹介したい。IBM Blockchain World Wire を利用することで，ほぼリアルタイムでファイナリティを持った清算や決済が可能となる。このソリューションでは，支払指図のメッセージと同時に，当事者間で事前合意した

図表 3 -16　ブロックチェーンによる国際決済システムの効率化

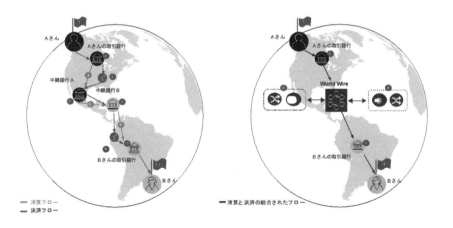

既存の国際決済システム　　　　IBM Blockchain World Wire の活用後

デジタル資産を使って相対で決済処理を行うため，中継銀行を介した従来のコルレス決済での海外送金に比べて，より早く，より低コストで送金できるようになる。2019年3月から限定的な運用を開始した（**図表3-16**）。

⑴　背　　景

　クロスボーダー決済は，長年にわたりSWIFT（国際銀行間通信協会：Society for Worldwide Interbank Financial Telecommunication）が提供する高度に標準化された金融メッセージングフォーマットを利用したプラットフォームを利用し実現されている。このプラットフォームは，200以上の国又は地域で11,000以上の銀行，証券会社，市場インフラ，事業法人顧客（2019年6月現在）を結んでいる。金融機関は，相対決済を行うために“銀行相互間の為替取引契約（コルレス契約）”を締結し，SWIFTメッセージングを利用した取引指図等を連携し清算処理を行い，決済口座を持ち合う（ノストロ口座／ボストロ口座）ことにより決済処理を完了させる。しかしながら，すべての金融機関の間でコルレス契約を締結しているわけではなく，大手金融機関など多数の金融機関とのコルレス契約を有する金融機関が相対決済を仲介し，決済を完了させている。このため，清算と決済の両方で複数の中継銀行が関わる必要があり，取引の処理に時間とコストがかかり，また取引の状況の確認に手間がかかっていた。

　近年国際決済の利用は，e-コマース（電子商取引）のグローバル化の進展などにより，これまでの金融機関を利用した企業決済中心から，リアルタイムの個人決済へと範囲が広がりつつある。結果，国際決済に少額／大量の取引が処理されるようになってきた。このため，リアルタイム処理かつ低コストでの処理が要求されるようになった。

　このような背景において，テクノロジーの進化とデジタル通貨の登場により，新しい国際決済の取組みが始まっている。SWIFTは，SWIFT gpi（global payments innovation：グローバル・ペイメント・イノベーション）により，決済処理時間の短縮と取引トレーサビリティーを提供している。gpiはこれま

での国際決済の課題解消に寄与しているが，実決済はこれまでどおりのコルレス決済中心であり，銀行間のコルレス契約をもとに成り立っている。米リップルは，デジタル通貨による送金サービスを提供している。決済用デジタル通貨としてXRPを提供し清算から決済の一連処理を可能としている。しかしながら，XRPの価格変動によるリスクなど課題も残り，金融機関間での決済利用は限定的と言われている。

⑵　サービスの特徴

IBM Blockchain World Wireはブロックチェーン技術とStellar（ステラ）プロトコルにより，リアルタイムの清算／決済処理を行う統合ネットワークであり，以下の特徴を持つ。

- ユニバーサルな国際決済プラットフォーム。
- 低コスト，24時間週7日サービス，透過的，準リアルタイム決済の提供。
- 銀行，送金サービス事業者などの，国際送金の規制遵守された参加者でネットワークを構成。
- ガバナンス基準の明確化と強固なアクセス制御機能にて参加者を保護。
- 国際標準メッセージング仕様（ISO 20022）準拠。
- いろいろな種類のデジタルアセットのシームレスな清算／決済が可能。
- 決済用デジタルアセットとして，法定通貨に連動するステーブルコインを利用。

⑶　提供される価値

IBM Blockchain World Wireにより，金融機関側は，以下のようなメリットを享受できる。

① 新たな収益源の発掘
- 低コストでの送金が可能となり，顧客への低価格での提供が可能となる。

- 顧客手数料を低減しても，利益増を可能とする。
- 新たな送金顧客の獲得に繋がる。

② リスク軽減

- 決済用外貨準備量を削減でき，為替リスク，通貨リスクの軽減に繋がる。

③ 新たなマーケット／決済基盤へのアクセス

- 新たな市場参入の際，ノストロ口座準備や外貨準備が不要となる。

④ コスト削減

- ネットワークや決済基盤の拡張に多くの資金を必要としない。
- 事前にファンドしたノストロ口座やクレジットラインの設定が不要。
- 大幅なコルレス口座の削減（資金管理，流動性準備，持ち合い口座間での清算処理などのコスト減に繋がる）。

⑤ 取引の透過性

- 取引の発生から完了までのトレーサビリティー確保。
- 取引の透明性が確保されるので，金融機関間不一致による調査負荷削減。
- コンプライアンス対応の負荷とコスト削減。

⑥ 顧客満足度

- 取引時間短縮や取引状況確認の効率化による顧客満足度向上。

⑷ 参加プレーヤー

当ネットワークは次の3種類の参加プレーヤーで構成される。参加者は，いずれも各国の規制監督省庁から承認を受けた，銀行または送金事業者に限られる。

① 決済実施者（Payment Service Providers）

国際送金処理を実施する。IBM Blockchain World Wire ネットワーク上の情報から相対の参加金融機関の選定／送金資産の選定を行い，後述のマーケットメーカー／流動性供給者から通貨変換レート／手数料の見積もりを受信し，送金処理を行う。AML/KYC（本人確認）チェックは送金前に各々の金融機関

で実施する必要がある。

② マーケットメーカー（Market Makers）

　デジタルアセットと法定通貨などの交換を実施する。決済実施者からのレート／手数料の要求に対し見積もりを提示し，決済実施者とは，IBM Blockchain World Wire ネットワークを通じ Stellar 上台帳でデジタルアセットの交換を行い，決済実施金融機関上の口座等で実通貨の決済を実施する。マーケットメーカーは，送信側／受信側それぞれで選択され，決済実施者は取引都度，複数のマーケットメーカーから適切な選択を実施し，取引実施が可能となる。

③ 流動性供給者（Issuers）

　デジタルアセットの発行／回収を実施する。マーケットメーカーおよび決済実施者の要求に応じ，デジタルアセットを発行（Issue）／回収（Redeem）を行う。IBM Blockchain World Wire では，デジタルアセットとして法定通貨と等価であるステーブルコインの利用を推進しており，金融機関および中央銀行が流動性供給者として想定される。

　IBM Blockchain World Wire での国際送金の流れを示すと**図表 3 -17**のようになる。

図表 3 -17　**IBM Blockchain World Wire における主要参加者と国際送金の流れ**

World Wire ネットワークを利用した国際送金

IBM Blockchain World Wire ネットワーク（IWW）を利用した国際送金の流れです。IWWが提供するAPIにより，以下の処理を実現します。

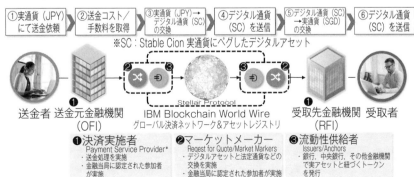

⑸　提供される機能

　IBM Blockchain World Wire では，デジタル資産の保管および資産移動は，既存送金ブロックチェーンネットワークである Stellar を利用する。IBM Blockchain World Wire は，フェデレーションサービス／コンプライアンスサービス／クオートサービス／デジタル資産口座サービスなどの機能をネットワーク参加者に API 経由で提供し，Stellar ネットワーク上の台帳での資産移転を支援している。

⑹　ブロックチェーンを活用する意義

　ブロックチェーンによる仮想通貨ネットワークは，Bitcoin をはじめ非常に多数の取組みが実現されており，ブロックチェーン技術の代表的なユースケースである。特定の第三者が存在しないネットワークは，これまでの国際送金の課題を解決するものであるが，マネーロンダリングなどへの対応が不足しているのではないか，という懸念もつきまとう。当取組みは，既に実績が豊富なパブリック型ブロックチェーンを活用しコスト／決済時間の短縮を図りながら，金融規制に準拠した実装を志向しており，今後の業務拡大が期待されるところである。

6　責任ある原材料調達のためのトレーサビリティー

　旭化成の吉野彰氏が2019年のノーベル化学賞を受賞したこともあり，今後の低炭素社会実現に向けたリチウムイオン電池の重要性が再度認識されつつある。
　大手自動車メーカーである米フォード・モーター（以下，「フォード」）は，世界的なリチウムイオン電池需要増加に伴う児童労働問題の懸念に対処するためにブロックチェーン技術を活用することを決定した。ブロックチェーンの活

用により，コンゴ民主共和国の鉱山から供給されるコバルトの情報を監視・追跡できるようになり，企業としての説明責任を果たすことを目指している。

(1) 背　　景

① 運輸部門における低炭素社会実現

　古くは1997年の京都議定書採択に端を発し，世界的な低炭素社会実現に向けた活動が活発化している。当初は，先進国を中心とした取組みであったが，2008年のリーマンショック以降に先進国経済の低迷と新興途上国の経済的発展が進んだ結果，近年では新エネ・省エネに向けた技術革新が顕著となっている。

　日本においても，2018年12月にポーランドで開催された国連気候変動枠組条約第24回締約国会議（COP24）を受けて，経団連を中心に産業部門別の低炭素社会実現に向けたフォロー項目を整理したところであるが，自動車業界においては，自社事業活動におけるCO_2削減のほか，「主体間連携の強化」項目として，次世代車の開発・実用化を目標達成に向けた計画項目の主軸に掲げている。2018年に日本自動車工業会・日本自動車車体工業会が取りまとめた実行計画[4]では，過去10年にわたる取組み結果の数値化を試みているが，技術の進展・次世代自動車の増加による効果が認められており，今後も電気自動車・ハイブリッド車を含めた次世代自動車は広がりを見せてくることが十分予想される[5]（**図表3-18**）。

② 車載用電池需要の増加とコバルトを取り巻く課題

　運輸部門における低炭素化においては，現時点では車載用電池の確保が重要なテーマとなっている。リチウムイオン電池の製造では主要4部材（正極材，負極材，電解液，セパレーター）が必要とされるが，このうち正極材として希

4　2018日本自動車工業会・日本自動車車体工業会の低炭素社会実行計画
　　http://www.keidanren.or.jp/policy/2018/101_kobetsu06.pdf
5　図表3-18上側　http://www.keidanren.or.jp/policy/2018/101_kobetsu06.pdf，図表3-18下側　経団連2018年度低炭素社会実行計画よりIBM作成

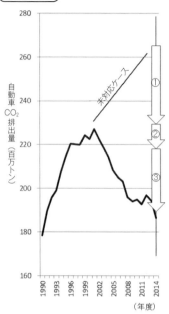

図表 3-18　技術の進展・次世代自動車の増加による CO_2 削減効果

①乗用車実走行燃費改善
②貨物車実走行燃費改善
③貨物輸送効率改善

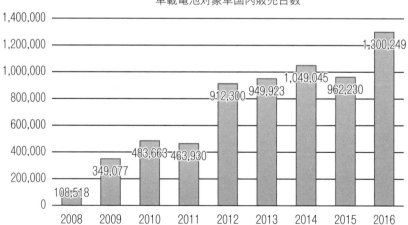

車載電池対象車国内販売台数

少元素であるコバルトを使用するケースが多い。矢野経済研究所の調査によると[6]，2025年には2015年比約7倍の需要があるとされていることを考えると，コバルトは電気自動車を中心とした電池の大きな需要を支える貴重な資源となってくるといえる[7]。

　このような環境の中，コバルトを取り巻く課題として挙げられているもののひとつが，児童労働問題である。

　世界のコバルト産出の約6割は，コンゴ民主共和国が担っていると言われるが[8]，同国は，長年，世界の最貧国のひとつとされており，内戦や政情不安に苦しんできたことは良く知られている話である。このため，健康と安全，および人力小規模採掘における労働行為に対してコントロールが限定的となっているのが現状である。2016年にアムネスティ・インターナショナルが発表した調査 "THIS IS WHAT WE DIE FOR"[9] によると，コンゴ民主共和国における採掘を担っているものの多くが，個人の「手掘り採掘者」であり，かつ，ユニセフの2012年推計[10]によると，約40,000人の子供が過酷な環境のもとで労働力を提供しているとされている。この事実が，児童労働問題に敏感な人権団体等に注目され，電池の供給メーカー等に対する監視が強められている状況にあり，各メーカーにとっては，世間のSDGs[11]への関心が「評判リスク」として認識されつつあり，自社が取り扱うコバルトの由来についての責任ある調達を実現するためのモニタリング対応を迫られているという背景が挙げられる。

6　https://www.yano.co.jp/press-release/show/press_id/2019
7　コバルトは，希少元素であるため価格が高く，各メーカーがコバルトに頼らない技術開発を進めているが，当面は，コバルトに対する高い需要が続くものと思われる。
　　一例として，IBM では，海水由来でコバルト・フリーの電池の開発を進めている。
　　https://www.ibm.com/blogs/research/2019/12/heavy-metal-free-battery/
8　独立行政法人石油天然ガス・金属鉱物資源機構鉱物資源マテリアルフロー
　　http://mric.jogmec.go.jp/wp-content/uploads/2019/03/material_flow2018_revised.pdf
9　https://www.amnestyusa.org/files/this_what_we_die_for_-_report.pdf
10　https://www.unicef.org/childsurvival/drcongo_62627.html
11　SDGs：Sustainable Development Goals（持続可能な開発目標)」の略称。2015年9月の国連サミットで採択された「持続可能な開発のための2030アジェンダ」にて記載された2016年から2030年までの国際目標

⑵ 提供される価値

① サプライチェーンの可視化

本取組みでは，コバルトに焦点をあてて，サプライチェーン上の各主要段階の参加者に，自社が実施した活動内容をブロックチェーン上で共有することで，コバルトのサプライチェーン全体の可視化を実現している。当初の実証では，コンゴ民主共和国の鉱山における採掘状況から始まり，製錬を実施する中国のカソード・プラント（Huayou Cobalt）と韓国のバッテリー・プラント（LG Chem）およびOEMであるフォードの工場までの5か月にわたるプロセスの可視化を実施している（**図表3-19**）。リチウムイオン電池製造におけるコバルトの需要は，当面，車載電池分野が最も需要があると言われているが，コバルトは，ラップトップ，モバイル機器などの幅広い製品に電力を供給することに活用されており，サプライチェーン内の材料が責任を持って生産，取引，処理される方法を実証するという意味で，社会的責任を果たす説明責任能力向上のためには，他事業エリアにも展開可能な意義があると言える。

② 監査証跡

ネットワークの参加者は，経済協力開発機構（OECD）によって開発された責任ある調達基準に照らして検証される。伝統的に，鉱山労働者，製錬所および消費者ブランドは，一般に認められている業界標準への準拠を確立するため

図表3-19 フォード実証実験に参加した関係者

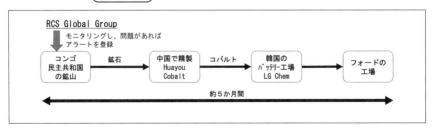

に第三者による監査に頼っているが，これらの評価と相まって，ブロックチェーン技術は検証された参加者と改ざん不能なデータのネットワークを提供する。このネットワーク上では，該当データへのアクセスを許可されたすべてのネットワーク参加者がリアルタイムで見ることを可能とする。不変の監査証跡がブロックチェーン上に作成されるため，鉱山から最終製造者までのコバルト製造の証拠を第三者に対して提示することを可能とする。

⑶　提供される機能

　現在想定されている提供機能は，以下のとおりである。
① 採掘等のプロセスにおけるエビデンスの保管
　各プロセスにおけるデューデリジェンスの結果を記録・共有。
② OECD 基準の記録
　OECD により開発された調達基準に準拠していることの検証結果の保管。
③ 各種監査の記録
　実地監査のほか，鉱山から提供された情報に基づくケースもある。監査結果をタグ付けしたうえでブロックチェーンに記録する。
④ モニタリング機能
　該当データにアクセス許可された関係者にのみ，リアルタイムで情報を開示する。

⑷　参加プレーヤー

　前述のとおり，フォードにおける実証実験では，採掘事業者，カソード・プラント，バッテリー・プラント，フォードが参画して行われた。現時点で，独フォルクスワーゲンが参加を表明するなど，今後，参加者の増加も期待される。

⑸ ブロックチェーンを活用する意義

電池産業における，コバルト関連情報の管理が，重要性を増すなか，フォードの事例以外にも，コバルト関連へのブロックチェーン適用の様々な取組みが行われている。この分野へのブロックチェーン適用意義としては，以下が挙げられる。

① コバルトのサプライチェーン全体の可視化と耐監査能力

ここまで述べたように，コバルトを取り巻くサプライチェーンにおいては，そのプロセスの適切さ，および監査結果をエビデンスとして関係者と共有することには大きな意義があり，そこに記録されたデジタルデータに，より高い透明性と信用力を与えるためには，ブロックチェーン技術は合理的な実現手段であると言える。

② プロセスの自動化

鉱業および金属業界向けに新世代のコスト削減アプリケーションを開発している革新的なテクノロジー企業であるマインハブ（カナダ）[12]では，フォードの取組みと並行して，コバルトを含む鉱物管理のプラットフォーム開発に着手している。ゴールドコープ（カナダ），クッチョ・コッパー（カナダ），ING銀行（オランダ），オーシャン・パートナーズ（USA），ウィートン・プレシャス・メタルズ（カナダ）など，業界を代表する業界関係者とのコンソーシアムを設立し，鉱山から最終購入者までの高価値資産を管理する Minehub プラットフォームの構築を推進している。この取組みでは，ING銀行が参画していることからも示唆されるとおり，サプライチェーンの管理以外にも，紙による処理のデジタル化を推進し，最終的には，ストリーミング契約[13]を含むトレードファイナンスをもカバーし，ブロックチェーン技術を適用することで，ス

---

12 https://minehub.com/
13 産出前に資源を事前売却し資金調達するファイナンス形態。ストリーミングとは，もともとは鉱山用語で，鉱石に含まれる副産物を取り出す作業を指す。

図表3-20　MineHub プラットフォームの全体像

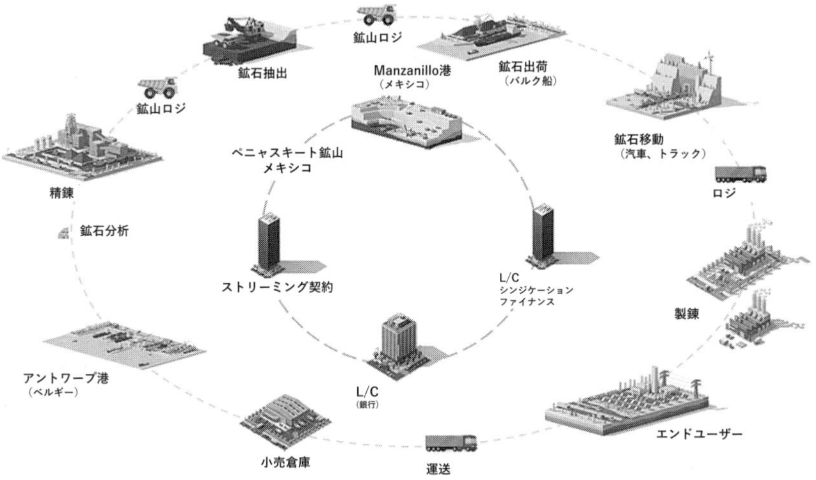

（出典）　https://www.minehub.com/solution

マートコントラクトによる処理の自動化を実現することも期待されている。

7　ブロックチェーンによる分散アイデンティティ管理

　ブロックチェーンを活用した新しいデジタルアイデンティティ管理の仕組みについて事例を交えて紹介する。

(1)　背　景

　インターネットやスマートフォンの普及による EC サイトや Web アプリ，モバイルアプリの活用により各種サービスのオンライン化が進み，個人情報のデジタルでの活用が増えている。企業は氏名，生年月日，性別，年齢，家族構成，住所，経歴，職歴，購買履歴などの個人情報を管理，活用しながら様々なオンラインサービスを展開し，新しい顧客体験を提供している。しかし一方で，

顧客の個人情報の管理には次のような課題がある。

- 個人情報の流失や不正利用の危険性
- 個人情報利用に関する不透明な利用
- 個人情報保護に関する規制強化

　企業はハッカーの攻撃による個人情報の漏洩や不正利用を防ぐために莫大なコストをかけ，また個人情報保護法や一般データ保護規則（GDPR）などの規制強化への対応を実施しなければならない。

　これら課題を解決するひとつのアプローチがSelf-Sovereign Identity（SSI）という考え方である。Self-Sovereign Identityとは，個人のアイデンティティは特定の企業や組織がその利用やアクセスなどを管理するのではなく，アイデンティティの所有者自身が管理することができるというコンセプトである。2016年にChristopher Allenの「The Path to Self-Sovereign Identity[14]」の中で，アイデンティティ管理の方法のひとつとして，Self-Sovereign Identityが解説されている。Self-Sovereign Identityによるアイデンティティ管理をブロックチェーンで実現する事例がSecure KeyとSovrin Networkである。

⑵　事例について

① SecureKey

　セキュアキー・テクノロジーズ（カナダ）とIBMで開発した自己主権型の分散アイデンティティ管理のネットワーク[15]は，様々な銀行業務や行政サービスについて，迅速かつ安全に身元を確認する方法を提供する。カナダの複数の銀行を巻き込み，カナダのユーザー向けにモバイルアプリケーション「Veri-

---

14　The Path to Self-Sovereign Identity, Christopher Allen
　　http://www.lifewithalacrity.com/2016/04/the-path-to-self-soverereign-identity.htm
15　IBM and SecureKey Technologies to Deliver Blockchain-Based Digital Identity Network for Consumers
　　https://www-03.ibm.com/press/us/en/pressrelease/51841.wss

fied.Me」[16]を提供している。

　ユーザーはモバイルアプリケーションを通じて，信頼できる認証情報を共有する組織や企業に対してアクセス権限を制御することが可能となる。例えば，ユーザーが自分の身元を銀行やクレジットカード会社に提示する場合，自分の身元へのアクセス権限を設定することで共有可能になる。銀行やクレジットカード会社は，公共事業者による認証済みの情報を迅速に手に入れることができる。

　SecureKey が提供する分散アイデンティティ管理のネットワークは Hyperledger Fabric によって構築されており，Hyperledger Fabric の持つデータの保護，機密性を高める機能が活用されている。

② Sovrin Network

　Sovrin Network は Sovrin Foundation が開発していた Self-Sovereign Identity を実現する分散 ID 管理のブロックチェーンネットワークである。

　Sovrin Network は，The Linux Foundation が管理する Hyperledger プロジェクトのひとつである Hyperledger Indy としてオープンソース化され，開発が進められている。

　Hyperledger Indy は分散 ID 管理に特化したブロックチェーン基盤である。Hyperledger Indy のよるネットワークには，Issuer，Holder，Verifier の 3 種類の参加者が存在する。三者の関係性を**図表 3 -21**に表す。

　Issuer は，資格情報を発行する主体である。例えば，運転免許証を発行する行政機関やスキルの認定証を発行する機関などがこれに当たる。Holder は Issuer が発行した資格情報の所有者である。Verifier は Holder の所有する資格情報が正当なものであることを検証する主体である。これは検証する資格情報によって様々だが，例えば雇用主や行政機関，あるいは個人という場合も考えられるだろう。

16　https://verified.me/

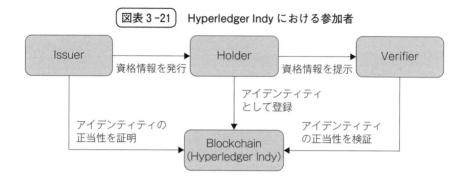

図表 3 -21 Hyperledger Indy における参加者

(3) 提供される価値

① アイデンティティのオーナーシップ

自身で第三者によるアイデンティティの利用をコントロールできるようになり，意図しないアイデンティティの利用を防ぐことが可能になる。

② アイデンティティのポータビリティ性の向上

サービス間でのアイデンティティの再利用が可能になる。例えば，A 銀行で個人認証が完了していれば，B 銀行で再度同様の個人認証の手続きを踏まずとも，A 銀行の個人認証完了をもって B 銀行でも個人認証を完了とするといったことが可能となる。

(4) 参加プレーヤー

SecureKey の場合，この事例は KYC（本人確認）に特化しており，参加者は金融機関が中心である。カナダの大手 7 行が参画するネットワークである。

Sovrin Network は，KYC に限らず，様々なアイデンティティ管理を対象としているため，金融機関の他に，行政や小売業，教育機関，医療機関など様々な参加者が挙げられる。

⑸　ブロックチェーンを活用する意義

① 　非中央集権による管理

　非中央集権で分散管理することで，特定の管理主体に依存せずポータビリティ性のあるアイデンティティ管理が可能である。また企業は必要な顧客のデータを分散ネットワークから取得することで，顧客のデータのすべてを自社システムで管理する必要がなくなる。

② 　データの耐改ざん性

　アイデンティティやアイデンティティに関連するトランザクションの履歴，例えば誰がいつどのような目的でアクセスしたかなどのデータに耐改ざん性をもたせることで透明性が高く，信頼できるデータとして扱うことができる。

8 　ポイントプログラム

　三井物産が設立したグルーヴァースが推進している，新しいポイントプログラムについての事例を紹介する。「ウェルちょ」と呼ばれるもので，いま「ポイントプログラム」と表現したが，同社が目指しているものは，一般的に普及しているポイントプログラム，すなわちモノやサービスを買ってお金を払った時にその支払額に応じてポイントが貯まり，一定額以上のポイントが貯まると，そのポイントを使って支払うことができるという仕組みとは，若干違う。もちろんお金を払うと「ポイント」が貯まり，貯まった「ポイント」で払えるという機能は共通しているが，それ以外の特徴や思想もあり，ブロックチェーンを選択してこの新規事業を推進しようとしている。

　ブロックチェーンによって，実験ではなくリアルな世界で，社会課題の解消に貢献すべく新しいエコシステムに挑戦している事例である。

⑴　背　　景

　この取組みは，三井物産の新規事業として始まった。人々の消費がモノ消費からコト消費にシフトしたと言われて久しいが，コト消費の次はイミ消費の時代が来るとの仮説がある。イミ消費とは，例えばSDGs達成に貢献するような社会的に意義のある取組みにお金を出すことを指している。SDGsとは，「持続可能な開発目標」の略称で，国連総会で採択された，国連加盟国が達成を目指す目標のことである。その目標とは貧困や飢餓の撲滅，すべての人の健康的な生活と福祉の推進等々，良好な地球環境が保全され，すべての人々が豊かさと平和を享受できるようになるための17個の目標が設定されている。個人は自身の欲求のための消費以外にも，このような社会的な活動にも消費を増やしていくであろうと期待されている。

　具体的には，少子高齢化が進み，寿命も伸びている中で，個人レベルでは長生きすることに対する不安が高まっている。自身の医療費や介護費用が増える一方，年金以外の収入はどれだけ得られるのであろうかという経済的な不安である。長生きするにしても，健康的に長生きしたいはずである。そのような健康面の不安もあろう。逆に国や社会の側面で言えば，社会保障費の膨張により財政が圧迫され，結果として社会保障の規模や範囲が縮小せざるを得なくなるかもしれない。すると翻って個人の不安はますます募っていくというネガティブなスパイラルに陥る。

　そこで同社が構想したことは，人々が健康になるための消費行動がとれるようなインセンティブを用意できないか，ということであった。それにより人々は健康になり，長生きしても健康でいられる可能性が高まる。すると医療費も減り経済的にも助かる。国にとっても社会保険にかかる費用が減り，財政的にも助かるというわけである。

　この人々の消費を健康になるための活動に向かわせるための媒体として考えられたのが，ウェルネス貯金（略して「ウェルちょ」）という"ポイントプロ

グラム"である。ポイントプログラムといっても，一般的なそれとは少し異なる。健康になるための消費でポイントが貯まって使える程度であれば，おそらく誰も貯めようとはしないだろう。つまりそれが健康に繋がることはなさそうである。なぜならば既存の圧倒的に強いポイント・プログラムがたくさんあるからであり，普通の消費者はそちらの方がはるかに使い勝手が良いから，そちらを使うであろう。

　そこで考えられたのはイミ消費の時代をてこに，「日々の消費が将来の不安解消に繋がる仕組みを構築することで，『意味ある消費』『価値ある消費』を生み出していき，社会全体で「こころとカラダの心地よいバランス」（ウェルネス）を目指す」[17]というものであった。

　そのために，一般的なポイントプログラムより，「ウェルちょ」が工夫していることは以下のような点である。これらの点が，システム基盤にブロックチェーンを採用した背景に繋がってくる。

　なお「ウェルちょ」では"ポイント"のことを「エール」と呼んでいる。「エールを貯める」「エールを使う」という言い方をする。本項ではここまで一般的な表現である"ポイント"という表現をしていたが，これでは一般的なポイントと誤解しないよう，以降は「エール」を使うこととする。

• 「エール」が数十年にわたって貯められること。

　　若い頃から「ウェルちょ」をてこに健康によい消費を行い，歳をとってから自分の医療費，介護費に充てることを想定している。そのため基本的にエールには有効期限はないのである。

• 個人のウェルネスを社会全体で応援する環境＝ネットワークを作ること。

　　単純にエールが使える店舗を開拓しようという発想ではない。同社には，「個人の心身共に健康的なライフスタイルを社会全体でサポートする機運を高めることや，医療費の個人負担が高まった時代でもウェルネスを維持・増進できる環境の整備を，ウェルネス貯金で実現する」[18]という思いがあり，

17　グルーヴァース資料より。
18　グルーヴァース資料より。

個人および個人のウェルネスを応援する企業をサポートできるようネットワークを作ろうとしている。「エール」とは,「エールを送る」というように応援という意味の英語（yell）から来ている。

- 個人の間での「エール」の譲渡を想定していること。

同社がサポートしようとしている「個人のウェルネスを応援する」主体は企業だけではない。個人も対象である。孫がおじいちゃん，おばあちゃんにエールをプレゼントするというシーンもあろう。また実はカネになる資産や特技を持っている個人も多い。シェアリングエコノミーが広がり，それらを活かしてちょっとした副収入を得る個人も増えてきたが，そのような個人も応援したいというのも同社の思いである。そのため個人間で「エール」が譲渡できるという点も大きなポイントである。

⑵　提供される価値

ウェルネスや健康をテーマにしたポイントサービスは，他社や自治体でもすでに多くのポイントサービスが存在している。それらの狙いは商品やサービスの販売促進，消費者の行動データの収集と蓄積が一般的なものであろう。また自治体にとっては長期的に医療費の削減に繋がることを期待している。

「ウェルちょ」もそれらの意図は持っているが，主に以下の2点が「ウェルちょ」固有のポイントである。

① 長期的な視点でのプログラム

企業のポイントサービスは，会計処理上の理由もあり，多くは有効期限が設けられているが，背景でも述べたとおり「ウェルちょ」は個人が高齢者になるまで長期間サポートしようとしている。「ウェルちょ」は短期的に貯めて使ってもらっても良いが，長期的に貯めてほしいという側面もある。若い時に健康的な生活を送るために「ウェルちょ」を使って頑張った活動が，中高年になっても健康で健全な暮らしが送れ，医療や介護が必要になったとしても，貯めた「ウェルちょ」が保険代わりになるということを目指しているからである。

② 個人間の応援

　従来のポイントサービスは，ポイントの付与者と利用者という1対1の線の関係であるが，「ウェルちょ」は個人間でも融通し合えるようにしている。繰り返しになるが個人も応援したいと考えているからである。

⑶ 提供される機能

　「エール」の記録を行う部分についてブロックチェーンで台帳を構築した。その他の情報はブロックチェーンの外に持たせている。「ウェルちょ」では当面個人情報を取り扱わないが，個人情報をブロックチェーンの台帳で扱うことは避けないといけない。EU の一般データ保護規則（GDPR）に代表される個人情報保護に関する各国の法律は，個人情報の削除請求があった時に削除することを求めているが，ブロックチェーンの台帳はそれができないためである。

　アプリケーション機能については，サーバー側の処理と並行してウェブ画面やモバイルアプリを作っているが，これらは従来型の標準的な技術と構成で作っている。

　API を用意し，「ウェルちょ」参加パートナーのモバイルアプリやポイントプログラムと互換性を持てるようにし，以下の機能を提供している。

① 「エール」を貯める

　ウェルネスに関連する商品を買うと「エール」が貯まる。通常はその店舗での購入金額合計に対して一定割合でポイントがつくが，「エール」は商品そのものについている。またポイント付与率も一般的にはポイントプログラム全体で均一で，仮に差がつけられていたとしてもそのバリエーションはそれほど多くないと思われるが，「エール」は違う。商品ごとに変えられるし，同じ商品でも特定時期だけ付与率を高めるということもできる。

　それはなぜか。その商品に対するメーカーの思いを反映できるようにしたいからである。消費者がその商品を消費・使用してウェルネスを高めてほしいと

いう願いがメーカーにはあるはずである。メーカーがその商品を是非買ってほ
しいと思う時は「エール」を倍にするとか，メーカーが商品ごとの「エール」
付与率を臨機応変に増減できるようにしている。ちなみに「ウェルちょ」では，
そのようなメーカーの思いを大事にしていて，「ウェルちょ」のホームページ
上で，各メーカーがなぜその商品に「ウェルちょ」をつけたのか，なぜ消費者
に使って（消費して）ほしいのか，思いの丈を伝えられるようにしている。

　商品には「エール」がQRコードでついていて，商品の購入者はそれを「ウェ
ルちょ」の公式アプリや「ウェルちょ」参加企業のアプリでスキャンして貯め
る仕掛けである。QRコードの読み取りは自宅ででも後日でも構わない（ただ
しその商品の賞味期限内に限る）。

　商品ではなくサービスの場合は，現時点ではカードのようなものにQRコー
ドを付けて配ることが想定されている。例えば，病院や介護施設などでは，そ
のカードに「頑張ったね」「早く元気になってね」などの一言メッセージ欄も
設けることで，無機質に「エール」を付与するのではなく，ホスピタリティー
を高めて付与することが考えられている。また，外食などでは，レシピを記載
するなど，ただのポイント付与にならない工夫が考えられている。それぞれの
サービスにふさわしいQRコードの渡し方が工夫できるのである。

② 「エール」を使う

　「エール」を使う場合については，最終的には店舗側の負担も考慮して，店
舗側と消費者側それぞれどちらでもQRコードを読み取れるような仕様にする
予定だ。

　現時点では，店頭で精算時に消費者がアプリ上で使いたい「エール」数を指
定する。アプリがそのQRコードを表示するので，店舗はそのQRコードを読
み取り精算するという仕組みである。

　しかしこの方法ではQRコードを読み取る仕掛けを用意できない店舗は
「ウェルちょ」に参加できなくなってしまう。そこで今後の予定であるが，商
品・エール数固定のQRコードを店舗が消費者に見せ，消費者がそのQRコー

ドを読み取る方式も検討されている。

③　「エール」を贈る

　「エール」を他の人に贈ることも想定している。孫から祖父母へのプレゼントといった家族でウェルネスを高める目的にも使ってもらいたいことはもちろん，社会に役立つスキルのある個人を応援したいという趣旨の点からも，個人から個人へ贈ることができるようにしている。シェアリングエコノミーが進み，個人の時間や技能をシェアすることが普通になってきている。自分の空いた時間によその子を預かるとか，ヨガのインストラクターの資格を持っている個人，ワインのソムリエの資格を持っている個人などが，その特技を活かして他の人に教えてあげて，その謝礼として現金ではなく，手軽に「エール」を贈ってもらうことで気軽に頼みあえる関係を構築，維持していただけたらという願いである。

　その場合は，「エール」を贈りたい相手を登録したうえで，「エール」を送信する。受け取る側は「ありがとう」というボタンを押さないと「エール」が取得できず，2週間以内に押さない場合は自動的に送信者に戻る仕組みとなっている。

(4)　参加プレーヤー

　参加プレーヤーは，人々のウェルネスをサポートする企業はすべて「ウェルちょ」に参加してほしいという思いがある。そのため具体的には，食品や飲料メーカー，フィットネスクラブなどのスポーツ施設，医療機関，自治体，マッサージや整体院，健康用品や介護用品のメーカーなどである。

(5)　ブロックチェーンを活用する意義

　「ウェルちょ」のシステム基盤としてブロックチェーンを選択した理由は主

に下記3点が挙げられる。

① 中立性・公平性が担保されたネットワークであること

　「ウェルちょ」は，長寿化社会を迎え社会全体でウェルネスを目指せるような新たな社会インフラを目指している。

　社会インフラであるためには，多くの企業や団体，自治体に参加してほしい。特に企業の場合は，競争関係，系列関係など様々な利害関係や思惑，事情といったものがある。

　ブロックチェーンにするとこれらの利害関係が一切なくなるとは言えないが，従来の方法に比べるとはるかに中立であり公平であることがポイントである。欧米の先行事例も，本章で触れているように，従来の方法では頓挫していた業界横断のプラットフォームや，サプライチェーンをカバーするプラットフォームにブロックチェーンを採用している。ブロックチェーンによってこれまで諦めていたプラットフォームが実現できると欧米では認識されているのである。

　従来の方法で最も嫌がられることは何であろうか？　一部の主導者にルールを決められ，利益配分も主導者の都合に合わせて決められるといったことではなかろうか。他の参加者は取引関係の都合により止むを得ず参加させられるか，参加せずに他の道をさがすか，のいずれかである。ブロックチェーンであれば，ルールについても参加者の合意が前提となるので，コンソーシアムメンバーの合意なくして，新しいルールを適用したり，取引を行うことはできない。その観点で中立で公平である。

　「ウェルちょ」は，多くの企業，自治体，団体が参加しやすいように，中立性，公平性が担保されたネットワークである必要があった。

② 消費者のウェルネスや健康に関する購買・活動履歴が秘匿され，セキュリ
　 ティが担保されること

　「ウェルちょ」は，ウェルネスに関する活動をサポートするものであるから，そこで扱われる情報の中には，身体の健康状態に関するデータが含まれること

が想定される。実際に健康をテーマにしたポイントプログラムはこれまでも多くの自治体，健康保険組合，企業などで行われていて，例えばBMIの値が目標を達成した時にボーナスポイントを付与するなどのことが行われている。このような身体状態のデータも当然取り扱っていくことが予想されるので，それらのデータの秘匿性は極めて重要な要件である。

　データのセキュリティについては，言うまでもなく従来の仕組みでも構築できるが，ブロックチェーンはその仕組み上セキュリティが強く，ビジネス用途のブロックチェーン基盤は情報の秘匿性を保つ機能が強化されているので，適切なブロックチェーン基盤を選択さえすれば，秘匿性やセキュリティについて作り込まないといけない部分，すなわちリスクになる部分を減らすことができる。

　このように「ウェルちょ」は，参加する消費者の健康に関する行動履歴が秘匿されるようなセキュリティが担保されたネットワークでなければならなかった。

③　社会インフラとしての訴求性

　現在も数多くのポイントプログラムが存在する。それらは数千万人規模で会員がいて，多くのポイント事業者と連携していて，ひとつの決済インフラ，エコシステムを形成している。それらは歴史があるものであって，ブロックチェーンで作られたものではない。

　「ウェルちょ」は，これらのポイントプログラムの後発として社会インフラを目指す以上，そしてそれは慈善事業ではないため，しっかり会員数を獲得して収益を上げていく必要があり，マーケティング等の推進の仕掛けを何重にも展開していかねばならない。その一環として，新規性，将来性の観点でブロックチェーンが検討された。

　ブロックチェーンも過熱の時期は過ぎ去ったと思われているかもしれないが，それでもまだ社会に対するインパクトはある。ブロックチェーンによる各種コインの発表で株式市場が反発するようなことも起きる[19]。世界ではますます公

共や物流などの基盤インフラへの応用が進んでいる[20]。「ウェルちょ」は，社会インフラとして新規性と将来性を訴求するために先進技術で支えられたネットワークである必要があるとも考えられた。

9 医療・健康データ交換

　医療・健康データ交換への活用事例として，米国食品医薬品局（以下，「FDA」），米国疾病予防管理センター（以下，「CDC」）それぞれと IBM が実施した実証実験の事例を紹介する。

　FDA と IBM は，ブロックチェーン技術を使用した安全で効率的かつ拡張性の高い健康データ交換の定義を目的とした研究を2017年1月に署名し，2年にわたって実施することに合意した。この取組みでは最初にがんに関わるゲノムデータの交換を対象としたが，電子カルテ，臨床試験，モバイル機器，ウェアラブル，IoT デバイスから得られる健康データなど，今後様々な医療・健康データ交換の基礎となる取組みである。

　一方，CDC と IBM の実証実験では，FDA における実証実験の延長線上の取組みとして，EHR（Electronic Health Record：電子健康記録）の保管およびそれらの保管方法の追跡に焦点を当てている。

(1) 背　景

　今日，患者は自分の医療・健康データにほとんどアクセスできず，自分自身のデータにもかかわらずこれをコントロールする手段がない。一方で，これらのデータを患者と共有することは，より良い医療を提供する機会を生み出す可能性があることが長年認識されているが，実現できていない。例えばスマート

19　＜東証＞楽天が反発　「楽天コイン」構想手掛かり，買いは一時的との見方も　2018/2/28　日本経済新聞。
20　ブロックチェーン中国急伸　特許，米の3倍　2019/11/21　日本経済新聞。

デバイスを使用して患者の健康状態を自動的に管理したり，ウェアラブル端末から日々得られる健康な個人のデータを分析して潜在的な病気のリスクを見つけるなど，センサーの高度化・普及によりその活用方法は広がっている。

　その一方で，情報漏洩の被害は日常的に発生しており，機密性の高い個人情報である医療・健康データの共有は，漏洩によるリスクの高さゆえに社会インフラとしての広がりは他の業界に比べて遅い。

　多くのプレーヤーや組織間で信頼された情報を共有できるようにするブロックチェーン技術は，これらの実現を支援する有力な技術として FDA や CDC をはじめとした医療関係機関に注目されている。IBM が実施した2017年の調査によると（**図表 3 -22**），ライフサイエンス業界の先発者（先陣を切ってブロックチェーンに進出した企業）の多くは，医療・製薬業界における「制約的な法規制」「情報の不完全性」「取引階層の深さ」の 3 つの摩擦が，ブロックチェーン技術によって消え去ると考えている。

　IBM が FDA と実施した実証実験では，前述した様々な情報源（電子カルテ,

> **図表 3 -22**　ライフサイエンスの先駆者がブロックチェーンにより解消されると考える摩擦[21]

52%以上	24%以上	22%以上
73% | 48%	72% | 58%	71% | 58%
制約的な法規制	**情報の不完全性**	**取引階層の深さ**
イノベーションと適応の能力を低下させるレガシー・システムと官僚的なプロセス	不正確，情報の不完全性や誤解を与える情報によって妨げられる意思決定	ビジネス・ネットワークの当事者間で行われるトランザクションを減速させる複数の仲介者の存在

 先発者　　 その他すべて

21　IBM Institute for Business Value 調査，2018年発行

臨床試験，ゲノムデータ，モバイル機器，ウェアラブルや IoT デバイスなど）
から得られる医療・健康データを安全に関係者間で共有する手段としてブロッ
クチェーンを活用するというものである。

　実証実験の具体的なユースケースとしては，FDA と製薬会社などの 2 者間
で大量の医療データを安全に交換することを可能にする「医療データ交換フ
レームワーク」を構築するというものである。現在米国では，ゲノムデータな
どの大量のデータの提出は依然としてハードディスクドライブを郵送するとい
う物理的な方法で行われている。「医療データ交換フレームワーク」を利用す
ることで，データ所有者（製薬会社など）はブロックチェーンで提供される安
全な契約（スマートコントラクト）を通じて電子的に FDA にデータを送信で
きるようになる。

　一方で，CDC との取組みは，FDA との実証実験の延長として，EHR（Elec-
tronic Health Record：電子健康記録）の保管およびそれらの保管方法の追跡
に焦点を当てている。例えばある患者が糖尿病を患っており，製薬企業 A の
薬を投与している場合，その情報を製薬企業や病院，保険会社などの組織に対
して開示するかどうかを患者自身がオプトインで意思表示をするといった仕組
みである。この同意管理をブロックチェーンで実現している。

⑵　提供される価値

　FDA との取組みで構築した「医療データ交換フレームワーク」は，FDA と
製薬会社などの組織間で大量の医療データを安全に交換することを可能にする。
これはさらに，臨床試験やリアルワールドエビデンス[22]データを含む様々な
データタイプの共有という重要なユースケースを実現することによって，ブ
ロックチェーン技術やこれを活用したエコシステムが医療・製薬業界全体に大
きな影響と可能性を提供できると考える。またこれらのデータを組み合わせた

22　リアルワールドエビデンス：診療報酬請求（レセプト）や電子カルテ，健康診断などの
　　実診療行為に基づくデータから導き出されたことを指す

新しい洞察は，例えば健康な個人の様々な健康データをウェアラブル端末から得て潜在的な病気のリスクを見つけるといった，新しい発見に繋がる可能性もある。また，これまで医療機関や製薬会社など既存の限られた組織に限定されていたデータを，幅広い組織（例えばバイオベンチャーや異業種企業）も活用できる可能性がある。医療データを安全な方法で共有するためのスケーラブルで分散化されたプラットフォームを作成することによって，より多くの新規事業を後押しすることができると考える。

CDC との実証実験では，データ利用に関する患者の同意管理とその保管方法に焦点を当てている。同意管理とその保管にブロックチェーンを活用することで，データの所有者は他のユーザーが自分のデータにアクセスするための同意を素早くかつ簡易に実施でき，将来の争いごとを回避するための同意を記録することもできる。

(3)　提供される機能

FDA との実証実験では，最初の取組みでは腫瘍学（がん）に焦点を当てている。ブロックチェーン技術を使用して，暗号通貨取引が追跡されるのと同じ方法で，データがどこでどのように転送され交換されるかを電子的な台帳に記録し，台帳を通じて監査証跡を作成することで，医療従事者は情報漏洩者に説明責任を持たせ，データがどこに向かっているのかについて透明性を維持し，電子的にデータ交換することの弱点を補完できるようになるというものである。

この実証実験は，FDA の HIVE（High-performance Integrated Virtual Environment）と呼ばれる高性能分散型コンピューティングシステムと，Hyperledger Fabric および IBM が提供するシステム基盤を使用して構築された。

また CDC との取組みでは，ブロックチェーン上の EHR データへのアクセスと保管，さらに複数の EHR データを一元的に見られる画面を作成できることに各プレーヤーが同意する仕組みを構築した。

⑷　参加プレーヤー

この2つの実証実験ではFDA，CDCといった限定された医療関連組織のみが参加したものだったが，医療データ交換の範囲を広げることにより，医療機関，薬局，医薬品卸，保健行政当局，健康な個人など幅広いプレーヤーの参加が想定される。

⑸　ブロックチェーンを活用する意義

ブロックチェーン技術は，すべてのトランザクションの監査証跡を変更不可能な分散台帳に記録することで，データ交換プロセスにおける説明責任と透明性を確立する。医療・健康データの大規模な共有は，データセキュリティの問題やデータ共有・交換プロセスにおける患者のプライバシーの保護によって制限されてきたが，ブロックチェーンによる透明性の高い取引や非常に強い耐改ざん性の提供により，これらを解決したうえで大規模な共有・交換を可能にできる。

医療・製薬業界において，ブロックチェーン技術の適用に対する注目度が世界的に急速に高まっていることを受けて，日本IBMは製薬企業や医療団体など20の企業や団体と，ブロックチェーンの活用・適用領域の探索のための協議を2018年10月から実施している。検討領域の例として，

- 医薬品などのサプライチェーンへのブロックチェーン技術の適用
- EHR/PHRなどの医療関連データプラットフォームへのブロックチェーン技術の適用

を挙げており，ブロックチェーン技術の活用により，信頼性の高いデータに対して素早く安全にアクセスすることができ，個々の患者の利便性の大幅な向上，偽造医薬品の低減，より効果的な研究開発の促進，新たなビジネスモデルの推進を目指すものである。医薬品などのサプライチェーンや医療データ交換のプ

ラットフォーム構築に向け，関連する実証実験の実施を進めている。

10 ピア・ツー・ピアでの電力取引

　電力業界は，世界的なスマートメーターの普及に伴い，ブロックチェーンの活用が活発に議論されている業界のひとつである。その活用エリアとしては，太陽光発電・電気自動車・蓄電池等の分散電源の管理，地産地消モデル構築への適用，さらには，設備保守作業やライフサイクル管理における情報共有化なども議論されているところである。

(1) 背　景

① 電力ネットワークの中央集権型から分散型への移行

　電力供給を支えるネットワークには，これまで大規模発電所や変電所・送電設備等を大手電力会社が保有し，いわば中央集権的に管理・供給されてきた歴史がある。しかし，技術の進歩に伴い，太陽光発電やコジェネレーション等民間事業者や家庭で小・中規模な発電が可能となったこと，および，特に日本においては，東日本大震災を契機としたエネルギー供給体制の制約や集中管理型エネルギーシステムの脆弱性が指摘されることとなり，民間を含めた多様な供給源の確保と組み合わせ[23]によって，電力供給体制のリスクを分散化するニーズが高まっている。

② 低炭素社会化へのニーズ

　政府による固定価格買取制度の後押しもあり，太陽光発電に代表される再生可能エネルギーが広がりをみせてきた。また，近年投資ファンドによる ESG

23　これまでエネルギーを利用するしかなかった消費者が供給者ともなりえる（プロシューマー化）のであれば，これまでより柔軟で，安定したエネルギー供給体制を構築できる可能性があるといえる

投資[24]の本格化に伴い，各企業が自社のCO_2排出量削減のために，他社が再生可能エネルギーにより生み出した環境価値（非化石価値）を買い取り，自社の排出量を削減するという手法が定着しつつある。

さらに，分散化の動きに伴い，蓄電池の活用により使われずに消えてしまっていた電力を最適に活用することによるCO_2削減効果等も期待されているところである。

⑵ 提供される価値

① 電力供給データの可視化

電力ネットワークの分散化と低炭素社会実現に向けたニーズを受け，特に再生可能エネルギー自体の可視化と可視化された電力あるいは非化石価値（環境価値）を取引するニーズが高まっており，これらに対応するため，ブロックチェーンへの期待が高まっている。

② 二重払いの防止，監査証跡

ブロックチェーンを活用することで，スマートメーターによって計測されたデジタルデータとしての電力・非化石価値を改ざん不能・二重払い不能な形で取引できる可能性が注目されている。

これまでは，場合によっては固定価格買取制度で買い取ってもらった電力に含まれているはずの環境価値を自社のCO_2削減量に算入してしまうことにより，いわば価値を二重取りしてしまうケース等が発生することもあったが，今後ブロックチェーンの活用により，より高い信頼性に基づき，かつ監査可能な環境価値の取引が可能となることであろう。

---

24 企業を非財務情報の視点から評価し，環境（Environment）・社会（Social）・企業統治（Governance）に配慮している企業を重視・選別して行う投資を指す。ESG評価の高い企業は事業の社会的意義，成長の持続性など優れた企業特性を持つとして株価に良い影響を与えるとされる

⑶　提供される機能

以下に中国電力にて行った実証イメージを添付する。

図表 3 -23　ブロックチェーン技術を活用した電力融通システムの概要

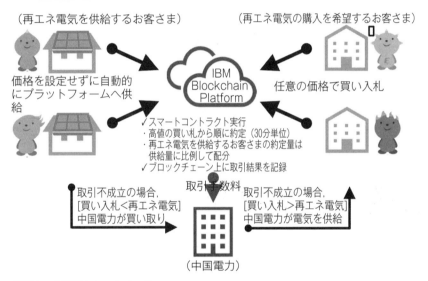

（出典）　中国電力ホームページ

　今後，ブロックチェーンにより可視化された電力は，以下のようなシステム
機能とともに，取引市場を構成してゆくことになると思われる。

① 　電力・環境価値の可視化

② 　売買の入札機能

③ 　取引執行と決済

④ 　第三者に対する価値証明

⑷　参加プレーヤー

　今後の検討が必要だが，ブロックチェーンネットワークをより強固なものにしていくためには，基本的には複数の発電事業者，あるいは小売事業者でネットワークを構成することが望まれる。

⑸　ブロックチェーンを活用する意義

　電力あるいは環境価値の取引においてブロックチェーンに最も期待されているのは，「可視化」であろう。前述のとおり，可視化された電力あるいは環境価値を取引可能なデジタルデータとして管理可能とする。今後，認識された電力等をデジタル証書化するなどの動きも期待される。

 # 11　次世代の成績証明プラットフォーム

　ソニー・グローバルエデュケーションは，「300年先の未来をつくる教育」をビジョンに掲げ，世界各国の企業，教育関連団体，学校や学習塾と連携して，新しい教育サービス・プラットフォームの開発を進めている。そうした中で，あらゆる人の教育・学習データを一元管理する「次世代の成績証明プラットフォーム」の構築に着手し，ブロックチェーン技術を使ったプラットフォーム開発の実証実験に取り組んだ。ブロックチェーンのフレームワークとしてはHyperledger Fabric を採用し，実証実験の最終段階では，「世界算数（Global Math Challenge）」コンテストの参加者約25万人分のデータ管理にブロックチェーン技術を適用した。現在はさらに，総務省と協力した実証も進めており，事業，教育・学習データの統合アクセスの分野で世界をリードしている。

⑴　背景：次世代の成績証明プラットフォームのニーズに対応

　ソニー・グローバルエデュケーションは，学習する人々の好奇心を刺激する，新しい教育体験を提供する企業として，教育や学習に関する事実を記録するための，包括的かつオープンな信頼できるシステムを構築する必要があると認識していた。実証実験を含めた取組みの中で，同様のシステムの構築が日本だけでなく，世界の様々な国で求められているということもわかってきた。

　また，近年，スタンフォードやハーバードなど名門大学の講義を受講できるMOOC（Massive Open Online Course：大規模公開オンライン講義）といったサービスが台頭してきており，インターネットに接続できる環境があるだけで，大学レベルの高等教育を簡単にオンライン受講して単位を取得することが可能になるなど，教育環境のIT化・多様化が進んでいることも，個人の学習結果を統合的に管理する意義に拍車をかけていると言える。

　ソニー・グローバルエデュケーションでは，現在主に4つの事業を展開している。ロボット／プログラミング学習キットである「KOOV（クーブ）」，思考力を育むデジタル教材である「PROC」，世界の25万人が参加する算数大会である「Global Math Challenge」および各サービスに関する学習データを管理する「教育データネットワーク」であり，同社は，教育データネットワークに耐改ざん性を具備するブロックチェーン技術を適用している。

⑵　提供される価値

　例えば，高等教育機関への入学希望者，あるいは専門技術を要する職業への求職者の教育・学習のデータを例に考えてみると，これらの教育履歴データは，組織単位でそれぞれが別々に保存されており，その孤立したシステムのデータを検証するためにはそれぞれ異なるプロセスが必要となる。ソニー・グローバルエデュケーションの構想とは，このようにバラバラに管理されたシステム内

の各教育履歴データをひとつのシステムに取り込み，正確に記録したうえで，その情報へのアクセスを制御・管理する，というものである。これにより，企業や教育機関は，候補者が提供する幅広いデータからバックグラウンドの全容を把握することができるため，雇用や学習プログラムの要件を最も満たす候補者を選び出すことができるようになるものと考えられる。

　一方で，ソニー・グローバルエデュケーションでは，同社が提供するサービスを展開するうえで，個人の「多様性」が大事であると考え，単なるテストの結果のみによる評価ではなく，子供が創造性を発揮するに至った「プロセス」を記録し評価してゆくことを目指している。

　課外活動など，学校で把握される事実だけではなく，様々な場面で様々な組織が把握する情報を集めることで，個人を正しく評価し得るプロセスが可視化されるものと考えており，分散台帳により組織・情報を繋ぐブロックチェーン技術と教育プロセス管理の適合性を高く評価している。

(3)　提供される機能

　ソニー・グローバルエデュケーションは，日本国内でも，そして海外でも展開できる成績証明プラットフォームの開発を目指し，段階的な取組みを行ってきた。第1段階として，協力団体間でのコンソーシアム構築を支援できる許可型ブロックチェーンの調査を行った。データアクセス権の管理，データパーティショニング，オープン・ソース・プラットフォームのために，スマートコントラクトを利用する必要があることが浮き彫りになった。データパーティショニングは一部の情報をある協力団体には公開しないようにし，別の団体には公開するために必要となる。また，ベンダーによる囲い込みを回避するためにオープン・ソース・プラットフォームの利用が必要であることも明らかになった。第1段階の終了時には，ブロックチェーンフレームワークであるHyperledger Fabric の採用が決定した。

　ブロックチェーン技術評価チームが Hyperledger Fabric を採用したのは，

それが汎用ビジネスプラットフォームであり，かつオープン・ソース・プロジェクトであること，そしてチェーンコードを介したスマートコントラクトとチャネルを介したデータパーティショニングをサポートできるという点からだった。他のプラットフォームも検討したが，データアクセス制御などのセキュリティ面の懸念や，本番稼働に耐えられるかという懸念があり，見直しを行った結果，選択肢から除外された。Hyperledger Fabric が採用されたもうひとつの理由は，他のブロックチェーンソリューションと比較して，データモデルとビジネスロジックの柔軟性が高いという点であった。

　第2段階では，選択されたプラットフォーム上での成績証明プラットフォームの実現可能性を短期間で実証するためにプロトタイプを構築した。開発したプロトタイプを通じて，評価チームは，次世代の成績証明プラットフォームを構築するために必要な機能すべてを，このテクノロジーで実現できることを確認した（**図表3-24**）。

　第3段階では，世界算数大会の参加者累計およそ25万人分のデータから生成される教育データを管理する実証実験を成績証明プラットフォームで実施している。ソニー・グローバルエデュケーションが主催するこの大会は，IBM に

図表3-24 教育・学習データを保存，共有，証明するためのプラットフォーム

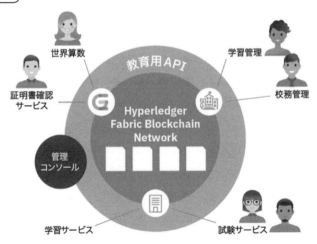

よるサポートの下，オンラインで開催されている。世界算数は，2019年で 6 年目を迎え，世界規模で数多くの地域から参加できる算数コンテストである。成績証明書，世界ランキング，テスト分析などのデータが生成され，参加者は自分の思考プロセスに対する独自の分析と，能力を伸ばす方法に関するアドバイスを得ることができる。生成される成績証明書の信頼性は，成績証明プラットフォームでチェックできる。

　本プラットフォームは，総務省がリードするスマートスクール・プラットフォーム実証事業『次世代学校 ICT 環境』の整備に向けた実証（スマートスクール・プラットフォーム実証事業）においても実験されている。ソニーグローバルエデュケーションはこの実証事業を通し，ブロックチェーンを用いた成績情報の管理が学校現場でも可能であることの検証を行っている。

　ソニーグローバルエデュケーションがこの成績証明プラットフォームで目指す主な機能は次のとおりである。

• 学習履歴の正確な記録（改ざん防止）と成績証明の真正性確認（**図表 3 -25**）
• 複数の組織とのデータ共有
• 柔軟なアクセス制御（**図表 3 -26**）

　このプロジェクトでは，教育・学習データへの統合アクセスの価値を実証す

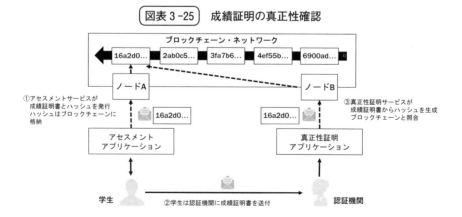

図表 3 -25　成績証明の真正性確認

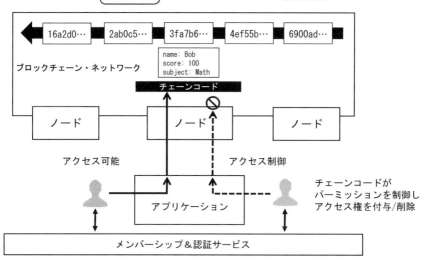

図表3-26　コンテンツのアクセス権限制御

る点で日本が主導的な役割を果たしており，諸外国が追従している。

⑷　参加プレーヤー

「教育ブロックチェーン」のネットワーク参加者については，今後も検討が継続されてゆくものと思われるが，将来的には，**図表3-27**に示すとおり，企業や大学，役所など外部機関により活用されることも想定されており，広く教育に関わる組織が参加することで，そのネットワークの価値はさらに高まるものと思われる。

⑸　ブロックチェーンを活用する意義

教育データネットワークにおいてブロックチェーンを活用する意義としては，以下が挙げられる。

①　記録されたデータの改ざん防止（信頼される情報の提供）

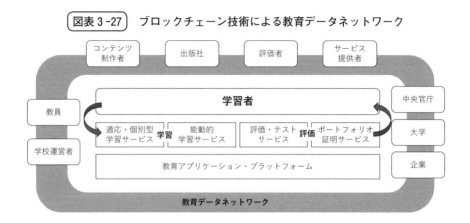

図表3-27 ブロックチェーン技術による教育データネットワーク

② サービス提供を行う各社との連携

　教育データネットワークにおいては，学校や民間企業，自治体など多くの関係者がノードを持つことでデータ管理の信頼性を高めることとなる。ブロックチェーンの特徴を活かすことで，特定の事業者1社だけに頼ったデータ管理と比較して信頼性は増し，ベンダーロックイン（特定ベンダーの独自技術に大きく依存した製品）を回避することができることも期待される。

　また，ブロックチェーンのネットワークにて管理される情報へのアクセスをコントロールするAPIが実装されていることも特徴となる。すべてのユーザーが直接ブロックチェーンのネットワークにアクセスするのではなく，APIを経由してデータを活用することが可能となる。教育機関向けのAPIには，ユーザーを認証する機能や，コミュニティモデルによるデータ管理などが実装されており，これらを経由して各事業者が提供するサービスとの連携を可能としている。また，将来的にはブロックチェーンで管理された教育データを「人の履歴」として教育領域以外でも活用することも考えられ，その可能性については今後も広がりを見せてゆくことが期待される。

12 音楽著作権管理の透明性向上

2019年2月日本音楽著作権協会（以下，「JASRAC」）は音楽著作権管理の透明化を目的としたブロックチェーン技術の実証実験に取り組んでいることを明らかにした。

(1) 背　景

技術の発展によりコンテンツビジネスのデジタル化が進みつつある。

これまでプロクリエイターが行っていたコンテンツ制作が誰でも簡単に行え，インターネットを通じて発信できる環境やサービス（配信サービス等）が整いつつある。こうした環境やサービスの拡大に伴い，いわゆるアマチュアクリエーターから見てもよりわかりやすいコンテンツの権利関係の明確化，透明化が求められていると考える。

経済産業省では2018年11月よりブロックチェーン技術，著作権管理団体，音楽業界等の有識者が集い，ブロックチェーン技術を活用した利益分配の仕組み，その著作権法との整合性等について議論を行い，「ブロックチェーン技術を活用したコンテンツサービスに関する報告書」を公表している。その中では音楽のn次創作の発信・視聴サービスを題材に，原コンテンツとn次コンテンツの制作者の権利関係や利用者からの支払対価の分配の処理が対象として検討が行われており，当領域におけるブロックチェーン利用の関心の高さがうかがえる。

(2) 提供される価値

JASRAC の実証実験の対象となったユースケースは，音楽利用に伴う著作権管理業務の一部である。

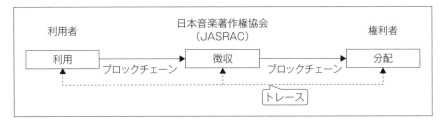

図表3-28　概要イメージ図

現時点で本ユースケースの狙いとして以下の点が考えられる。

① 音楽著作権の管理（JASRAC は権利者との信託契約に基づく信託財産として音楽著作物を管理している）にブロックチェーン技術を活用することにより信頼性の高い形で効率的な来歴管理を実現して透明性を向上させる。

② 徴収から分配に至るまでの業務プロセスを高度に可視化して，業務が適正に行われていることをステークホルダー（権利者・利用者・一般ユーザー）に証明する（**図表3-28**）。

(3)　提供される機能

本事例では，JASRAC の業務処理の一部において，その業務処理に必要な情報をブロックチェーンデータベースに記録し，その情報を参照して行う業務処理をスマートコントラクトで実行できることを確認した。

あわせて，ブロックチェーン技術が持つ来歴管理の特性を基に業務プロセスを視覚化することで，高度な透明性を効率的に実装できることを確認した。

(4)　参加プレーヤー

本ユースケースでは音楽著作権管理の透明化に対して価値を見いだせるプレーヤーの参加が考えられる。音楽著作権に関わる直接的なプレーヤーとして，JASRAC のほかに，多くの権利者や利用者といったプレーヤーが想定される。

　また，ブロックチェーン技術を活用して透明性を向上させるというコンセプトから，利用者を通じて音楽を享受する一般ユーザーも間接的なステークホルダーとしてプレーヤーに想定されていることは明らかである。

⑸　ブロックチェーンを活用する意義

　ブロックチェーン技術はその特性から，信頼性が高い状態でデータを記録し，それを関連するプレーヤーへと連携する。

　ブロックチェーン技術を活用することで音楽著作権に限らず，コンテンツ利用にかかる対価還元の透明化が促されるという世間からの期待は大きい。経済産業省の報告書からもその期待は明らかである。

　ただし，コンテンツ利用を適正に管理し，使用料を徴収し，正しい権利者に分配するというビジネスモデルを新たに構築することと，ブロックチェーン技術の社会的な実装を同時に実現することは困難が多いことも確かである。

　この点，JASRAC のように音楽著作権管理というビジネスモデルを高度に確立・遂行しながら，信頼性と透明性のさらなる向上と業務の効率化を目指してブロックチェーン技術を業務の一部に取り込もうとする取組みは，コンテンツの管理と対価還元をブロックチェーン技術ですべて自動化しようとする取組みとは一線を画していることに留意すべきである。

　まずは現実的な適用領域でブロックチェーン技術の社会実装を目指しながら，ブロックチェーン技術を用いた権利の行使や決済などにかかる法的な安定性の実現状況を見据えて，ブロックチェーン技術の適用領域を拡大していこうとする，コンテンツ分野におけるエンタープライズ領域の取組みとして注目すべき事例と言える。

(参考)
● 経済産業省
　https://www.meti.go.jp/press/2019/04/20190405006/20190405006.html

13 次世代の不動産デジタルプラットフォーム

　AI を活用した中古不動産流通プラットフォームサービス「Renosy（リノ
シー）」を運営する GA technologies は，自社が開発する次世代の不動産デジ
タルプラットフォームにブロックチェーン技術を導入することを発表した。

(1) 背景：不動産市場の利便性向上

① 背景1：アナログな不動産業界

　デジタルネイティブが消費の中心となり様々な業界でデジタル化が進む中で，
不動産業界は今でも契約書や FAX など紙でのやり取りが多く残る業界と言え
る。この背景としては，業界慣習に加え，不動産取引に必要とされる，契約・
決算・登記といった複雑かつ高い安全性の求められる行為が存在することが挙
げられる。このため，不動産取引の電子化を進めるためには，金融取引と同等
の高度な技術が必要不可欠と言われてきた。不動産取引の場合，専門的，総合
的判断を要するため，専門家の介在が不可欠であると考えられてきたことも，
電子化を阻害してきたひとつの要因として挙げることができるであろう。

　また，比較的高価な取引となる不動産の場合，買主への物件に関する十分な
情報提供が求められる。そこで，重要となってくるのが，仲介事業者による重
要事項説明である。一般消費者が十分に正しい情報を受け取ることができるよ
う，宅地建物取引業法第35条では，長らく取引士の対面による重要事項説明が
求められてきた経緯があり，電子化を実施したからといって，完全に非対面で
取引を完結することができなかったという事情も指摘される。

　また，不動産業界の構成上の課題として，事業者規模が挙げられる。国内の
不動産業のうち従業員4名以下の小規模事業所は全体の86％を占めており，全
業種平均の57％を大きく上回っていることから[25]，不動産事業者の多くが単独
でデジタル化を進めることが極めて困難な状況であるとも言える。

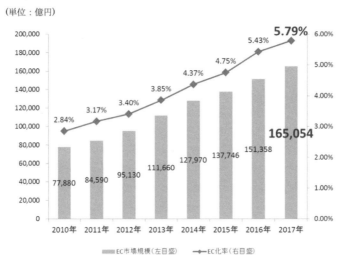

図表 3 -29　B to C EC の市場規模および EC 化率の経年推移

（単位：億円）

（出典）　https://www.meti.go.jp/press/2018/04/20180425001/
20180425001-1.pdf

② 　背景 2 ：不動産事業における電子化の動き

　2017年の日本における電子商取引市場は，約16兆5,000億円と前年対比9.1％
の伸び率を示している（**図表 3 -29**)[26]。

　不動産関連事業においても，スマートフォン等の普及により，不動産情報検
索・閲覧といった情報サービスは，徐々に浸透し始めており，今後さらなる普
及が見込まれる。また，一般的な電子契約に関しては，2001年に「電子署名
法」[27]と「IT 書面一括法」[28]が，2005年には「e-文書法」[29]が整備されており，こ
れらの法律を支える技術としての暗号鍵などの開発が進んだ結果，今後さらな

25　公益財団法人不動産流通推進センター「不動産会社の従業員規模の構成」従業者規模別
　事業所数とその割合（2018年 3 月期改訂版）
26　平成29年度，経済産業省，我が国におけるデータ駆動型社会に係る基盤整備（電子商取
　引に関する市場調査）。EC 化率については物販が対象
27　電子署名及び認証業務に関する法律
28　書面の交付等に関する情報通信の技術の利用のための関係法律の整備に関する法律

る市場拡大が見込まれる。

　一方で，不動産業界では，前述の重要事項説明の必要性等，電子化を進展させるためには，技術のみならず法整備も必要とされてきたが，「世界最先端IT国家創造宣言（平成25年6月14日閣議決定）」において，対面・書面交付が前提とされているサービスや手続きを含めて，IT利活用の裾野拡大の観点から，関連制度の精査・検討を行い，「IT利活用の裾野拡大のための規制制度改革集中アクションプラン」を策定することが示されたことを受け，2014年以降実証実験を含めた検討を進めたうえで，2017年10月よりITを活用した重要事項説明（以下，「IT重説」）の本格運用が開始されている[30]。2018年に国土交通省が発表したIT重説を実施した宅建業者アンケートでも，IT重説を受けた人の約7割が「今後も利用したい」と回答していることから，同省では賃貸取引に限定する形で重要事項説明書の電子送付の社会実証も開始すると発表し，今後さらなる賃貸取引のオンライン化が期待できる[31]。

⑵　提供される価値

　本稿執筆時点では，GA technologiesは，MVP[32]の構築を終了し，まずは，不動産賃貸契約の電子化を目指した社会実証の準備を進めている段階であるが，現時点で想定する本プラットフォームの提供価値は以下のようになる。

29　「民間事業者等が行う書面の保存等における情報通信の技術の利用に関する法律」と「民間事業者等が行う書面の保存等における情報通信の技術の利用に関する法律の施行に伴う関係法律の整備等に関する法律」の総称

30　法人間取引については，継続検討。オンラインシステム等による非対面による説明を認めるものだが，重要事項説明書の事前送付が義務付けられる等，一点の条件を満たす必要がある

31　日刊不動産経済通信2019年2月14日　https://www.fudousankeizai.co.jp/daily?id=272208, https://www.fudousankeizai.co.jp/daily?id=372209

32　MVP：Minimum Viable Product（実用最小限の製品）の略。

① 契約処理の簡略化

　モバイル端末等を活用し，契約処理をデジタル化することで，借主が店舗に赴いたり，紙の書類にサインをしたりといった，借主側の契約時の手間を省けることが，メリットとして挙げられる。一方で，同社の構想としては，借主情報をブロックチェーンに記録・管理することで，貸主側，不動産管理会社側にとっても借主を合理的に評価できる材料を与えられる可能性も検討している。

　書類作成・記入を中心とした煩雑な契約履行プロセスを安全かつ低コストでデジタル化し，借主・貸主だけでなく仲介業務を担う不動産事業者に対しても大幅な業務改善やコスト削減を実現し，不動産流通全体の活性化を目指すプラットフォームの実現を目指していく。

② 高い透明性を持った市場の構築

　不動産契約の電子化に先行する形で，物件情報の検索・閲覧といった情報提供サービスが充実しつつあることは先に触れたが，手軽に物件情報にアクセスすることが可能になったことから，貸主あるいは仲介者と借主の間には情報の非対称性が生まれているのではないかとの見方がある。不動産情報サイトを運営している事業者で構成される不動産情報サイト事業者連絡協議会（RSC）が毎年実施しているアンケート[33]を見ると，過去1年間のうちにインターネットで自身の住まいを賃貸または購入する目的で不動産物件情報を調べた人のうち，最終的に契約に至らなかった人の割合が，2008年の38.0％から2018年には79.8％まで増加している。もちろん，市況等により変動することはあると思われるが，ここ数年の傾向をみる限り，無視できない環境の変化と言える。つまりここで言う情報の非対称性とは，借主が複数の情報サイト経由で情報を収集できるのに対し，貸主あるいは小規模の仲介者は得られる情報が限定されるために，場合によっては，家賃の値下げなどを迫られても対抗できないような事態も発生している可能性が指摘される。今回のプラットフォームでは，多くの

33　https://www.rsc-web.jp/pre/

人・事業者がひとつの情報を閲覧できるようにすることで，適正な家賃を導き出せるほか，部屋を借りたい人をプラットフォーム上で管理することで，ダブルブッキング等のトラブルを避ける効果も期待される。また，貸主が複数の入居希望者から対象賃貸物件を貸し出す入居希望者を自由に選択可能とすることで，情報の非対称性を緩和も期待される。

③　効率的な賃貸契約の実現

　本プラットフォームでは，将来的には，入居者から退去の申し出があった時点で，自動的に新たな入居者を募集したり，ガスや水道といった公共料金等の手続きを含む引っ越しにまつわる作業を容易に依頼できたりする仕組み作りも視野に入れている。「しつこい，強引」といったイメージを持つ不動産の営業を公平な取引形態に変え，『不動産の面倒くさい』を払拭することにも挑戦している。

　このように，貸主，借主双方にメリットを受けられるサービスを提供することで，不動産デジタルプラットフォームが社会的な情報基盤として成長することが期待される。

⑶　提供される機能

　不動産デジタルプラットフォームは，貸主が提供する物件情報と賃貸を希望する借主とをブロックチェーン技術を基盤とした「スマートコントラクトブロックチェーンネットワーク」で繋ぐことを目指している。今後提供していく機能については，社会実証等を通して，その効果を検証しつつ定義されていくものと思われるが，現時点では，以下のような機能提供を計画している（**図表3-30**）。

①　物件情報の登録と共有

　物件情報，募集情報，賃貸状況等の情報を管理。

　情報提供範囲は，コンソーシアムの状況によるが，可能な限り関係者で共有

する方向を目指す。

② 契約情報登録

借主／貸主情報，契約情報，署名情報等を管理。

情報提供範囲は，特に借主／貸主に関しては，一般データ保護規則（GDPR）も意識した情報管理機能を提供する必要がある。

③ KYC（本人確認）情報の登録と共有

ネットワークを利用するユーザーの本人確認がされているかどうかを含めたユーザー情報管理機能。

これらの機能提供にあたっては，GA Technologies が提供する，賃貸の入居申込書の WEB 受付機能を提供するシステムである「申込受付くん」等との連携を実施し，不動産管理会社の業務負担を軽減する仕組みの実現を予定している。

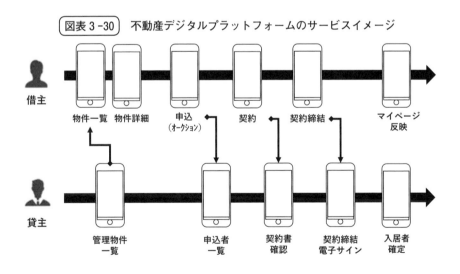

図表 3-30　不動産デジタルプラットフォームのサービスイメージ

借主
物件一覧　物件詳細　申込（オークション）　契約　契約締結　マイページ反映

貸主
管理物件一覧　申込者一覧　契約書確認　契約締結電子サイン　入居者確定

⑷ 参加プレーヤー

　本プラットフォームは，不動産業界全体に寄与する，いわば社会インフラへと成長する可能性を秘めた取組みであると言える。前述したとおり，業界構造的に中小事業者が大半を占める業界であるだけに，幅広い多くの仲介事業者が利用し，業界全体を効率化できる情報を共有する基盤への成長が期待される。結果として，情報の管理コストが下がり，情報を共有することでオペレーションによるミスが起こりづらくなることで，将来的には同じ帳簿にアクセスする，エコシステムが生まれることが期待される。

　実現に向けては，同業他社との協業によるノードの持ち合いが有望であり，いわゆる「街の不動産屋さん」は，プラットフォームの利用者として参加するような形態が期待される。

⑸　ブロックチェーンを活用する意義

　ブロックチェーンは，分散台帳技術により，安全かつ低コストにデータを管理できる技術として注目されている。金融や医療分野と並び，複雑かつ高い安全性の求められる不動産取引においても，登記情報の管理や契約業務などを中心としたブロックチェーン技術への期待が高まりつつある。

　ブロックチェーンを要素技術として採用することで，入居希望者が対象賃貸物件の入居に必要な条件をすべて満たし，かつ，対象賃貸物件の貸主が入居希望者への入居に同意する旨の情報を取得した場合に，賃貸契約が成立するスマートコントラクトをブロックチェーンに出力させ，入居希望者が対象賃貸物件の入居に必要な条件を満たしたか否かの情報を取得し，貸主が入居に同意する旨の情報を取得する処理を実行させることが実現可能となる（**図表3-31**）。

　また，将来的には，不動産事業者に限らず，引っ越し関連の諸手続きを担う周辺事業者との間で，スマートコントラクトによる事務処理連動を実現するこ

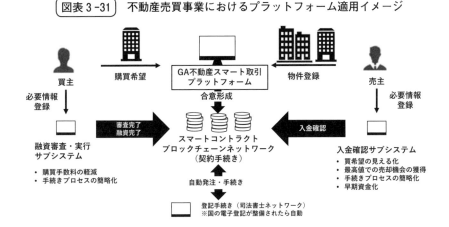

図表3-31　不動産売買事業におけるプラットフォーム適用イメージ

とも検討されており，ブロックチェーンが提供するエコシステム構築にも大き
な期待を寄せている。

　本プラットフォームは，当初は不動産賃貸を対象として構築されるが，今後，
市場の広がりとともに，売買市場へも発展していくことも検討されている。

　ブロックチェーン導入で期待できるメリットとしては，以下の点がある。

① 　数多くのコントリビューターが参画するオープンソースソフトウェアを技
　　術基盤としており，中長期において安定した開発が可能。

② 　許可型ブロックチェーンを利用することで，提携企業との間で，安全かつ
　　プライバシーを伴った情報管理基盤を共同で管理・運用することが可能。

③ 　事実上改ざん不可能なセキュアな台帳を利用するため，不動産賃貸契約の
　　管理に最適。

14　シェアードサービスセンター

　ある多国籍企業の東南アジアのシェアードサービスセンター（以下，「SSC」）
において移転価格対応など税務当局対応の観点でブロックチェーンによる社内
取引管理システムを構築した事例を紹介する（**図表3-32**）。

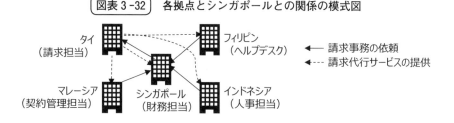

図表3-32 各拠点とシンガポールとの関係の模式図

タイ（請求担当）　フィリピン（ヘルプデスク）　◀── 請求事務の依頼
マレーシア（契約管理担当）　シンガポール（財務担当）　インドネシア（人事担当）　◀--- 請求代行サービスの提供

(1) 背　景

　当該企業ではシンガポールに東南アジアのSSCがあり，東南アジア各国の拠点に対するバックオフィス業務のサービスを行っている。シンガポールでは，SSCといいつつもすべてのバックオフィス業務を行っているわけではなく，一部のサービスを各国拠点に割り振ってもいる。

　つまり，各国拠点は，社内サービスをシンガポールのSSCに発注すると同時に，シンガポールのセンターから他国のバックオフィス業務を受ける関係にある。シンガポールのセンターはいったん，各国拠点からの発注をとりまとめ，そのサービス内容や条件等に応じて各国拠点に割り振っている。そのため，各拠点からシンガポールのセンターへの注文書と，シンガポールのセンターから各国拠点への注文書は1対1ではなく，m対nの関係にある。

　そのため，請求の照合をする時や請求に問題があった時，その請求がどこで発生したものか特定するのに時間と工数がかかっていた。費用の発生から回収までが明確に見えていなかったのである。

　結果，税務面においても税務当局から，例えば役務対価の妥当性について説明することを求められた場合，それぞれの注文書，社内契約書，その他関連する資料等をひもといてひとつの取引として整理し，税務当局に正当な対価であるのを説明することが非常に煩雑なものとなっていた。ひとつの取引にかかる契約書などの書類が各国にあり，さらにその国の中でも複数のシステムにデータが分かれて格納されているなど，監査時にタイムリーにエビデンスを揃える

ことがかなり難しかった。

　監査期間中に十分なエビデンスを見せることができないと，グループ内取引にかかる税控除が認められず，税務当局との係争の元となる。取引としては正当なことを行っていても，税務当局に正しく説明できなかった時は，追徴課税等の税務上のペナルティーが科せられるリスクがあり，それが公表されることにより取引先その他の利害関係者からの信頼を失墜するというリスクも抱えていた。

　このように税務監査，調査で会社を守るために追加の作業が必要となっていた。

　グループ内取引の流れが見えておらず，必要の都度情報を取り寄せて集計や加工をするということは，よく見られるケースだろう。この企業の場合，この点が看過できなかったのは，クロスボーダーでシェアードサービス化が進んでいるほどの大企業であったが故に以下の要素があり，適切に対応できなかったときの影響が大きかったからである。

• 取引件数のボリュームが大きい。人手で手作業をするにも限界があった。
• 各国の法規制に即したコンプライアンス要件がそれぞれあり，そのすべてに適応しなければならない。人手では効率，ミス発生のリスクから好ましくなかった。
• クロスボーダーの観点で，間違いがあった時に，会計，税務，資金管理面に大きく影響する。
• そして何よりもグローバルの大企業ゆえに，監督・規制当局に厳しくチェックされやすいという事情があった。

⑵　提供される価値

　今回のブロックチェーンシステムによって得られた効果は以下のとおりであった。

① 加算税や延滞税などのペナルティが科せられるリスクの低減

　税務監査，調査で税務当局と係争になり，明確な証拠を期間内に提出し調査官が納得することができないと，最悪の場合，加算税，延滞税などのペナルティが科せられる。

　このブロックチェーンシステムによりペナルティが科せられないとまでは言えないが，これまでぎりぎりになってエビデンスを出したり，時には間に合わなかったりしていた時と比べると，はるかにそのようなことがなくなり，結果的にペナルティが科せられるリスクが減少したと考えられている。

② 税務当局との係争にかかる時間

　リスク以外にも時間について短縮が図れた。それまでは，税務当局と解釈等をめぐり係争になった時に必要なエビデンスを探し出してきて，時系列に並べてわかりやすいようにして提示していた。このシステムによってエビデンスを探し出す時間がなくなり，最初から時系列に記録されていることから，係争にかかる時間は大幅に短縮された。エビデンスを揃えるという準備作業から解放され，直ちに税務当局と中身の議論に入ることができるようになった。

　時間が短縮された結果，当然人件費も減り，また他の現業業務への影響も弱まるなど，その効果は大きい。

③ 係争のための弁護士その他のアドバイザーフィー

　係争時に時間的な効率が悪いと，期間を長引かせたり，弁護士等の専門家に不要な工数を発生させたりする。結果的にそれらは1時間当たり安くないアドバイザーフィーの発生として返ってくる。この手数料という金銭的効果も大きかった。

④ 信用の毀損

　これは定性的な効果になるが，脱税を行っている等の判断がなされ，ペナルティを科せられ，報道がされるなどして一般に公表された場合，当然信用の観

点では大きな損害を被る。

　本システムにより，税務当局に必要なエビデンスを即座に提示することができようになったことで，税務当局の誤解や理解不十分によりペナルティが科せられることは基本的になくなった分，信用毀損リスクも減少したと考えられている。

⑶　提供される機能

　この取組みでは，グループ内取引の契約に係る書類や証票類のうち税務監査，調査に必要なものを一元化し管理するための技術としてブロックチェーンを活用し，グループ内取引の発生（見積もり・発注）から終了（支払）までの取引全体の可視化を実現した（**図表 3 -33**）。

　具体的には，既存のグループ内契約管理システム，SSC への発注システム，メールサービス等を更新せずに，ブロックチェーン台帳に書き込む機能を追加した。

　これによって現行業務への影響をほとんどなくしている。

図表 3 -33　システムイメージ

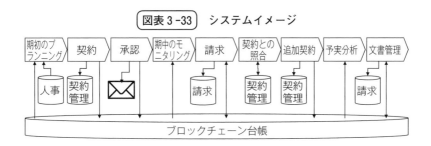

　SSC の業務をめぐり，以下の三者が関係する（実際にはもう少し関係者がいるのだが，説明の簡素化のため主要な三者に注目する）。

- 社内サービスを委託（要求）する各拠点の管理者
- SSC のリソース管理者（リソース配置とコストを管理）

• SSC の請求担当者

シェアードサービスの発注，実施，請求・支払の流れについてはハイレベルで言えば，以下のとおりである。
• 期初にサービスの委託内容と量を見積もり，グループ会社間のシェアードサービス利用契約書として文書化し締結する。
• 期中には，定期的に締めて請求・決済を行い，利用量に応じた追加の調整や交渉を適宜行い，必要であれば追加の契約を結ぶ。
• 期末には，利用量の報告や税務当局等への報告のための作業を行う。

　以下，このプラットフォームの機能として，ブロックチェーン化したプロセスを紹介する。これらのプロセスが，電子メールや既存システムと並行してブロックチェーンの台帳に書き込まれ，後続のプロセスがなされているのである。

① 期初のプランニングプロセス
　まず最初に各拠点の管理者と SSC のリソース管理者並びに請求担当者が年間のサービス内容およびボリュームを計画し，合意する。
　このプロセスにおいては，前年の利用実績データ，SSC 担当者の人事情報（スキル照会目的）などの情報が必要となる。これらの参照情報を基にサービス内容と利用量が見積もられ，価格が見積もられ，調整交渉の末に価格が確定する。これらの交渉は主に電子メールで行われる。
　後々の監査目的では，これら見積もり・価格形成に使用した参照情報と，価格決定の過程である電子メールのやりとりが適切に保管され，必要な時に容易に参照できるようになっている必要がある。

② グループ内契約プロセス
　SSC への委託内容と価格が決定したならば，社内契約管理システムにおいてグループ内契約書を作成する。この時，契約に関する必要項目をシステムに入力し，必要な資料を添付する。この一連の手続きを，社内プロセスに則り，

かつ定められた期限まで遅滞なく進める必要がある。

③　承認プロセス

　当事者同士で作成され内容が正しいことが確認されたグループ内契約書は，拠点側およびSSC側双方の権限者によって承認される。この承認は電子メールに「承認済み」と記載することによって承認されたものとみなされる。したがってこの電子メールも証跡として，随時参照することができなければならない。

④　期中のモニタリングプロセス

　SSCのサービス提供が始まると定期的に，予定どおりの進捗か，SSC側のリソースが逼迫していないか等々モニタリングを行い，期末までの見込みが当初の想定通りか否かをチェックする。あまりに変動要素が大きければ，SSC側は拠点側と価格交渉が必要になるかもしれない。このような先々の見込みを立てる時は，SSCが持つ情報だけでなく総勘定元帳のデータなど他のデータも参照する必要が出てくるかもしれない。

⑤　請求プロセス

　月次または四半期ごとにSSCの利用料は請求されて決済される。この時，サービス提供量が集計されて，従量か定額かの取り決めに従って請求額が確定される。この会社の場合，四半期ごとの請求としていて，SSCのサービス管理システムと請求システムが別々で，バッチ処理のタイミングも異なっていたため，請求漏れが起きないよう両システムのバッチ処理スケジュールをにらみながら，担当者が神経をすり減らしていたという。

⑥　契約との照合プロセス

　請求書が作られると契約書との照合を行う。照合の観点は2点で，契約条件どおりの請求内容になっているかのチェックと，年間の利用契約の範囲内に利

用量が収まっているかのチェックである。利用契約の範囲を超えている場合もしくは超えそうな場合は，追加契約の交渉，締結が必要となる。

　必要なことはその請求に紐づく契約書を探してくることであるが，面倒なのは請求書と契約書とが1対1に対応していないことであった。SSCの業務は各拠点の業務を集約して分担して規模の経済性を出している。そのため，各拠点からのリクエストをいったんまとめて，委託業務内容別に振り分けて，各業務遂行拠点に振り分けている。したがって，契約の流れは大別して，発注者とSSCの本部との契約と，SSCの本部とサービス提供拠点との契約に分かれている。仮に前者を作業依頼契約と呼び，後者を役務提供契約と呼ぶとすると，SSCの本部は複数の作業依頼契約の内容をばらして，複数の役務提供契約に振り分けているのである。つまり，その請求書はどの作業依頼契約のどの部分なのかと，どの役務提供契約のどの部分に該当するのかを紐づけなくてはならないのである。これらを明確に紐づけ，ブロックチェーンに書き込むようにした。

　さらに複雑にしているのは，当然のことながら契約には変更がつきもので，どこがどう変更され，そのエビデンスはどれかまで確認しないといけないため，その作業が職人技を要求していた。かといって，作業依頼契約も役務提供契約も，請求書と1対1になるように最小限にばらばらにすればよいかというと，それではサービスを頼む側と受託する側の契約事務を増加させることになり，頭の痛い課題であった。これらの変更もブロックチェーンを使うことで，エビデンスと一緒に時系列で台帳に書き込まれ，後工程での参照や事務処理で一覧性が担保され，属人性が廃された。

⑦　追加契約プロセス

　晴れてかくして請求書と契約書とが突合できて，契約上の利用量の範囲内に収まっているかチェックが済んだ。しかし残念なことに利用料を超過している，もしくは超過しそうな場合，SSCとしては追加契約を結ばないといけない。サービスの依頼元の拠点と交渉して，②と③のグループ内の契約プロセスを再

度回すことになる。

⑧　予実分析プロセス

　SSC の管理者としては，予実分析を行い，人的リソースを再配置したり，次年度の準備をしたりする必要がある。その予実分析の前提として，請求漏れや過剰請求なども起こしていないことを確認する必要がある。そしてその予実分析の結果は，価格算定根拠のひとつとして文書化し，随時参照できるようにしておく必要があったが，これもブロックチェーンの台帳で随時参照できるようにした。

⑨　文書管理・引き継ぎプロセス

　税務面では文書管理が大きな問題であった。必要な文書が適切に管理され，税務当局からの依頼時には迅速に書類を提示できなければならないが，それができていなかったのである。ひとつの理由は様々な書類があったことである。契約書の原本は言うに及ばず，関連する覚書類，付属書類もある。承認は電子メールで行われているため，書類とは別に電子的な証憑もある。また個別契約にかかる書類以外にも監査や調査対応という点では，各組織のミッションステートメントや職務分掌表，サービス規約なども関係してくる。

　これらの文書やエビデンスが，監査や調査の求めに応じて適切に示されなくてはならない。しかし現実には，それらのものが様々な媒体に分散していたり，担当者の引き継ぎ時には散逸してしまったり，最悪の場合には紛失していたりして，監査人や調査人の求めに応じるのに1週間，ひどい場合には数週間かかっていた。

　さらに悪いことにそうして何日もかけて提出した資料が，外部の人間には容易には理解できないくらい複雑で，結局，監査・調査期間内に監査人や調査人の理解を得ることはできず，結果として不本意な指摘を受けることもあった。

　このプラットフォームでは必要な文書やエビデンスを一元的に管理し，随時時系列で参照できるようにして，これらの課題を解決している。

⑷ 参加プレーヤー

このプラットフォームへの参加者は，SSC であるシンガポールと，サービスの発注者であり，一部サービスの担い手でもある東南アジアの各国オフィスである。グループ内の使用目的のため，グループ外の会社は入っていない。

それら各オフィスにおいて社内サービスを要求する担当者とその管理者，シンガポールの SSC のリソースとコストの管理者，および請求担当者が，主なユーザーである。

⑸ ブロックチェーンの意義

現状のプロセスとその課題を読んでお気付きのように，ブロックチェーンにする以前に，書類をスキャンしてデジタル化し，中央集権的なサーバーに順次保管していき，インデックスをつけて，関係する契約書や請求書類を紐づけていけば，これらの問題を解決できる。

ところがこの会社は，あえてそこに取引の台帳管理をブロックチェーンで実現することを選択した。ブロックチェーンを採用した理由は主に，①耐改ざん性，②リアルタイム性とエンド・ツー・エンドの可視化である。

①の耐改ざん性については言うまでもなく，税務当局に対して証明を行うことであるから，社内外の不正行為によって改ざんされてはならない。②については，社内サービスの発注から請求入金まで取引の全体を可視化できることと，それがリアルタイムで行われるという点である。通常会社間ではデータの授受はファイルを介したバッチ処理で行われることが多い。バッチ処理であるので一般的には反映が翌日になることが多い。翌日にならないと次の処理が行えないというのは痛い。ブロックチェーンであればその取引の処理を実行した時に台帳に書き込まれるので，リアルタイムで更新される。

15 IoT デバイス向けセキュリティ管理

　2017年12月にアイビーシー（以下,「IBC」）は IoT デバイス向けセキュリティ
サービス（以下,「kusabi」）の実証実験を開始したことを明らかにした。

(1)　背　　景

　IoT デバイスは近年爆発的に増加しており,そのセキュリティへの関心は大
きい。日本においては2016年7月に総務省が「IoT セキュリティガイドライン
ver1.0」を公開しており,IoT デバイスの性質に応じたセキュリティ対策の検
討を促している。

(2)　提供される価値

　大量の IoT 機器を運用する場合,数の問題などでセキュリティの適用が難
しい場合が存在する。このため IBC では IoT デバイスの認証基盤へ,ブロッ
クチェーン技術が持つ耐改ざん性の特徴を適用することで,IoT デバイスの真
正性を保証する。さらにスマートコントラクトを使って IoT デバイスの無人
運用へ適用させることでセキュアな認証プロセスを実現し,この課題を解決し
ようとしている。

(3)　提供される機能

　従来の認証基盤（PKI）では認証局が発行した電子証明書を利用する公開鍵
方式をとっている。kusabi では公開鍵をブロックチェーンに登録させ,電子
証明書に相当する「kusabi-ID」を API を介して無人で発行する。この API
アクセス自体が CA 認証局確認に相当するので,kusabi が導入されている IoT

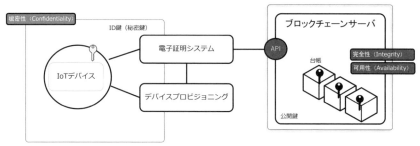

図表 3 -34　アーキテクチャ概要

（出典）　プレスリリースをもとに作成

機器は運用へのアクセスが必須となり，これにより企業主導で IoT デバイス
の運用監視を開始することができる。IoT ベンダーとしては kusabi を IoT デ
バイスへ導入するだけで容易にセキュリティ対策が講じられることとなる（**図
表 3 -34**）。

⑷　参加プレーヤー

　本事例において想定される参加プレーヤーは以下のようになる。

① 　IoT デバイスベンダー：IoT デバイスを開発するベンダー
② 　IoT デバイス機器の運用企業：kusabi を利用してサービスするインテグ
　　レーター

⑸　ブロックチェーンを活用する意義

　本事例においてはブロックチェーンの持つ耐改ざん性の特徴から，登録され
ている公開鍵の真正性・完全性・可用性を論理的に保証している。

　さらにユーザーに対して公開鍵とペアとなる秘密鍵を提供することで，その
ユーザーでしか復号できないなど，より強固なセキュリティ対策も講じられて
おり，ブロックチェーンの新しい使い方として期待される。

（参考）
- ブロックチェーンによる IoT セキュリティ管理の最適解　アイビーシー株式会社　上原敏幸
- kusabi™ Whitepaper ブロックチェーンによる IoT セキュリティ管理の最適解

16　災害時の情報共有インフラ

　本節では日本 IBM が採択を受けた総務省の平成30年度「行政や公共性の高い分野におけるブロックチェーン技術の活用及び社会実装に向けた調査研究」において，滋賀県甲賀市，慶應義塾大学大学院 SFC 研究所ドローン社会共創コンソーシアム，株式会社トラジェクトリーの協力を得て[34]，実施した実証実験を紹介する。

(1)　背　　景

　多くの自治体において，大規模災害が発生した際の対応マニュアルとして，地域防災計画が定められており，公開されている。自治体ごとに細部の相違はあるが，基本的な対応プロセスとしては，災害の発生またはその恐れが明らかになった時点で災害対策本部または警戒本部を設置し，初期情報収集を行い，状況の展開に応じて情報発信，救難対応，応援要請を行う流れとなっている。

　滋賀県甲賀市の場合，災害が実際に発生した場合の初期情報収集として，原則は，市災害対策本部内に組織された道路河川対応班に所属する市職員が実際に現地に赴き，写真を撮影し，対策本部に送付するなどして対応している。しかし，現状の運用に対しては，自動車での移動となるため災害発生現場への移

34　甲賀市は，地域課題に関する情報提供，実証実験のフィールド提供，模擬防災訓練の実施について，慶應義塾大学は，ユースケースの設定ならびにドローンの社会実装に当たっての課題に関する情報提供について，株式会社トラジェクトリーは，実証実験の飛行ルートの設計，ドローン実証実験の設計と運営についてご協力をいただいた。

動に時間がかかる，地上からの写真撮影となるため山崩れの発見などに必要な上空からの映像情報が得られない，職員が現地に赴くことによる二次災害の恐れがあるなどの課題認識を持たれている。また，甲賀市の面積は，481.7km²と広く，市域全体の状況を隈なく把握するということが事実上難しい状況に置かれている。

　近年，無人航空機（ドローン）の社会実装が進みつつあり，災害発生時の情報収集もその用途のひとつとされている。わが国ではこの点について法制度も既に対応しており，ドローンの飛行許可に関する規定を定めた航空法において，捜索，救助等のための特例として，「国若しくは地方公共団体又はこれらの者の依頼により捜索若しくは救助を行う者」は，飛行許可に関する規定の適用が除外されることが定められており[35]，災害時における緊急かつ柔軟な活用が図られている。

　法制度の整備を受け，実際に災害現場でのドローンの活用が試みられるケースも増加しているが，今後さらなる活用に向けて解決すべき課題が指摘されている。現状すべての自治体で自前のドローンとオペレーターを用意することは難しく，外部の事業者に依頼することが主となる。しかし，各自治体においてその依頼手続きが定まっている例は少なく，その依頼や調整のやりとりを現状，電話とFAX経由で行っているため，連絡に行き違いが生じるリスクが高い状態にある。実際に，現場の混乱や危険に繋がっているケースがあるとの指摘もある。加えて，災害発生時の自治体の災害対策本部は繁忙を極める中，限られた人員で最大限対応しているため，ドローンの運行に必要な安全確認や記録の保持を行うことは難しいという意見もある。

　さらに，災害発生時の初期情報収集の観点からは，ドローンに限定する必要はなく，各地の定点カメラ，輸送トラックのドライブレコーダー，地域住民のスマートフォンなど様々な情報ソースを集約することで，より広範かつ迅速な情報収集が可能となる。結果として，災害発生時の初動対応の判断をより的確

35　航空法第132条の3，航空法施行規則第236条の7

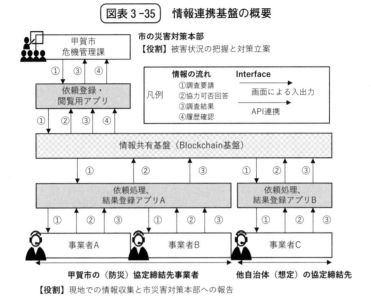

図表 3 -35　情報連携基盤の概要

かつ迅速に行うことができ，結果として災害による被害の抑制が期待できる。

　今回日本 IBM は上記認識に基づき，特に現在，手続きが未整備で課題の多いドローンについて，災害時の「情報連携基盤」を仮構築し，滋賀県甲賀市の協力を得て，2019年 3 月に同市市長参加の下，模擬訓練の形で実証実験を実施した。

　今回「情報連携基盤」は，災害発生時の初期情報収集の局面をターゲットに仮構築した。具体的な内容としては，自治体の災害対策本部から外部事業者に対する情報依頼から，その依頼を受けた外部事業者が情報収集結果を災害対策本部に報告するまでの一連の手続きを，ブロックチェーン基盤上で，オンラインシステム化したものである（**図表 3 -35**）。

⑵　提供される価値

本情報連携基盤の提供価値は，前節の「⑴　背景」で述べた課題の裏返しであるが，以下のとおりに整理できる。

① 航空法132条の3に定められた捜索もしくは救助のための除外規定を適用するための，地方公共団体からの依頼手続きの具体化・明確化。

② オンラインシステム化による，依頼，調整，結果報告の迅速化。加えて，依頼および報告確認，情報整理にかかる自治体の事務負担軽減。

③ 自治体からの依頼，外部事業者の諾否，外部事業者からの報告，自治体の内容確認といった履歴（記録）の確保。それにより，実費精算時やトラブル発生時の事実関係の確認が容易となる。

加えて今回，甲賀市危機管理課の助言を受け，情報源の真正性を確保するために，報告者の事前登録制を前提としてシステムの仮構築を行った。

災害発生時に災害対策本部が的確かつ迅速な対応を取るためには，情報を大量，迅速に集めるだけではなく，正確な情報を集めることが非常に重要となる。災害発生時の繁忙を極める局面では，災害対策本部に情報源の信頼性を検証する余裕はなく，最初から情報源が信頼できる形になっていることが重要となる。そのため，依頼先たる外部事業者については，事前登録制とし，平時に外部事業者の募集と審査を通じてネットワーク化を進めて置くことを前提とした。さらに今回のケースにおいては，外部事業者自体の情報だけでなく，当該事業者の保有ドローン，トレーニング履歴，運用実績，安全確保に向けた機体整備状況などを含めた審査を行うという前提で，それらのデータとして保持する形でシステムの仮構築を行った。

その結果，システムそのものの価値というより，システム化を進めることにより実現する価値となるが，以下の価値も提供可能となる。

④ 災害発生時の収集情報の信頼性向上。

⑤　外部事業者によるドローン安全運用の確保（二次災害の抑止）。

(3)　提供される機能

　前述のとおり，本情報連携基盤は，自治体の災害対策本部から外部事業者に対する情報依頼から，その依頼を受けた外部事業者が情報収集結果を災害対策本部に報告するまでの一連の手続きをデジタル化するものである。したがって，提供機能は，その一連の手続きに従い情報を入力（記録，更新）し，参照するためのものとなる。

　前提となる業務は，以下のような繰り返しプロセスになると想定した。

①　災害発生直後は市域の全体を俯瞰的に把握する。

②　そこで得られた情報を基に，緊急対応の実施もしくはより重点的な調査実施といった判断を行う。

③　重点的な調査が必要と判断された場所については，改めて調査を行う。

④　時間の経過を受けて定期的に全体的な俯瞰を行う。

　そのうえで，上記繰り返しプロセスを前提として，情報連携基盤には，以下の機能を搭載した。

図表3-36　実証実験システムの対象プロセス

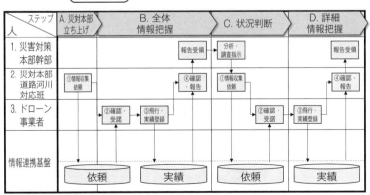

① 市内マップ：市内の調査状況（情報の有無，最終調査日時，依頼案件の有無）を一覧表示することが可能。

② 依頼入力：災害対策本部から外部事業者に対して，どの地域のどのような情報が欲しいかの依頼を入力する。

③ 依頼確認：外部事業者が災害対策本部からの依頼を確認し，出動可否（依頼の諾否）を回答する。

④ 結果報告：外部事業者が空撮結果（画像情報，飛行実績等）を登録する。

図表 3 -37 提供機能の概要

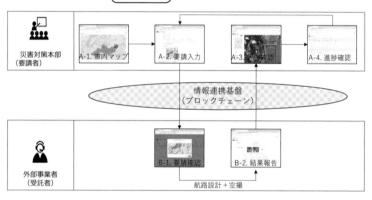

図表 3 -38 結果確認画面

⑤ 結果確認：災害対策本部が外部事業者の登録結果を確認する。画像情報，飛行実績などを確認できる。

⑥ 進捗確認：災害対策本部が過去に依頼した内容の進捗状況（受諾待ち，調査中，報告済み，キャンセル）を確認し，その報告内容の詳細を確認できる。

⑷ 参加プレーヤー

今回の実証実験の参加者は，滋賀県甲賀市および外部事業者であるが，本来の構想としては，一自治体だけではなく，日本各地の自治体の参加を想定したものとなっている。

したがって，現時点で本情報連携基盤の参加プレーヤーとしては，①「情報収集依頼者」である自治体，②「情報提供者」である（ドローンを有する）外部事業者の2種類となる。

しかし「⑴ 背景」で既述したとおり，「情報提供者」はドローンを保有する事業者のみに限定する理由はないため，情報提供者として，運送事業者や，地域在住の個人に拡張していくことを想定している。

加えて，「情報収集依頼者」についても，災害時に情報を必要とするのは自治体に限定されるものでもなく，限定されるべきものではないと考える。

今後，自治体以外の法人，個人の利用ニーズが具体的に存在するのであれば，それらの依頼も受け入れられるように拡張したいと考えている。将来的にそのような形が実現した際には，自治体の初期情報収集基盤の枠を超え，災害時の官民横断の地域共助の基盤という，より高次のプラットフォームとして昇華していくものと考える。

⑸ ブロックチェーンを活用する意義

このような情報連携基盤をブロックチェーン上に構築する必然性については，「①激甚災害の発生直後であっても稼働できる可能性が高い」，「②プラット

フォームオーナーシップの問題を解決できる」の2点に集約できる。以下各点について詳述する。

① 激甚災害の発生直後であっても稼働できる可能性が高い

本システムが災害発生直後の情報収集のインフラである以上，災害耐性は非常にクリティカルな要件となる。

気象庁サイト[36]によると，現在わが国において科学的に想定される最大クラスの災害は「南海トラフ巨大地震」であり，その被害は津波も含めると関東地方から九州地方に及ぶ広範な領域に及ぶことが記載されている。本システムはこのような激甚災害発生時において最も必要とされるものである点を考慮すると，それに求められる可用性[37]は極めて高いと言える。

近年，ディザスターリカバリーの技術も進展しており，ブロックチェーンに拠らずとも高い可用性を実現することは可能になっているが，リカバリー性能[38]を高めようとした場合，当然それにかかる費用も高額となる。いつ発生するかわからない災害に備えるために，高額な費用をかける必要があるという事実は，後述のプラットフォームオーナーシップの問題と相まって，結果的に投資をためらわせる大きな要因となる。

本節では詳述は避けるが，ブロックチェーンの技術的な特徴のひとつとして，「台帳の分散構造」という点がある。要は，ブロックチェーン上のデータは，物理的・地理的に別々の場所に保存（自動的に複写）される。加えて，ブロックチェーンはその設計上，一部の場所のデータが破損する，アクセスできなくなるなどの事情を想定しており，それでもシステムは止まらない構造となって

---

36 気象庁サイト「南海トラフ地震で想定される震度や津波の高さ」
　　https://www.data.jma.go.jp/svd/eqev/data/nteq/assumption.html
37 システムが障害（機器やパーツの故障・災害・アクシデントなど）で停止させることなく稼働し続けること。
38 リカバリー性能の主なKPIとして，RPO（Recovery Point Objective，障害発生時からどの程度前の時間までの処理を取り戻せるのか），RTO（Recovery Time Objective，障害が発生してからいつまでに正常状態に戻せるのか）の2つがある。

いる。

　結果として，ブロックチェーンベースでシステムを構築するということは，ノード（物理的なデータの保存場所）をどこに設置するかにも拠るが，極めて高い可用性を図らずも実現できるということになる。

　繰り返しになるが，本システムは災害直後の初期情報収集を目的としたものであり，災害直後から即座に利用できることが求められる。激甚災害自体はごく稀にしか発生しないものの，そのような場合にこそ，システムが即座に利用できることが必要となる。当然，施設，通信設備等のインフラの分散化や多重化も合わせて行うことが前提となるが，ブロックチェーン上にシステムを構築しておくことで，激甚災害が発生した直後でもシステムが稼働できる可能性を高めることができる。

　これがブロックチェーンの意義のひとつ目である。

② プラットフォームオーナーシップの問題を解決できる

　本システムを特定の一自治体のみを対象に運用するのであれば，ブロックチェーン上に構築する意義は存在しないと断言できる[39]。

　「(4) 参加プレーヤー」の項に記載したとおり，本システムは「情報提供者」と「情報収集依頼者」の両方を繋ぐという機能を持つ。将来的には，「情報提供者」はドローン以外の情報ソースに，「情報収集依頼者」についても自治体のみならず，（対価を払ってでも）情報を必要とする法人，個人に拡張し，官民横断の災害時の共助のプラットフォームを志向している。

　そのような構想を前提とした場合，どのような組織が，このシステム（プラットフォーム）の投資主体となるオーナーになり得るか，という問題がある。

　このシステム自体は，災害時における初期情報収集と共有を目的としたものであるが，それを実現するためにドローンに限ったとしても，操縦者の情報，

39　補足であるが，前段で述べた災害耐性（可用性）の面についても一自治体の内部であれば分散効果が弱いため，通常のクラウドサービスを利用した方が良いレベルと想定される。

機体の情報，整備状況，飛行計画，飛行実績，撮影写真と様々なデータを収集することになる。ドローン以外の情報ソースに拡張した場合，様々な個人や法人に関する詳細かつ多岐にわたる情報，いわゆる「ビッグデータ」が集まることになる。

　ビッグデータそのものにはそれ以上の意味がないが，近年，機械学習に代表される AI 技術の普及に伴い，データから得られる示唆が大きな付加価値，すなわち製品価値や事業機会をもたらすことが広く認識されている。

　蓄積されたデータから抽出された示唆を基に新しい経済的価値を生み出すこと自体は，システムの投資合理性を高めるものであり，社会的な課題の解決や価値の実現に向けて否定されるべきものでないと考える。

　一方で，最近の問題として，データから得られる示唆とそれによる付加価値が，データを実際に保持するプラットフォームのオーナー（いわゆるプラットフォーマー）に独占的に帰属されることを忌避する風潮も生まれている。

　この背景としては結局，プラットフォーマーが保持している情報をどのように利活用しているかわからないことが社会的な不信[40]を招いている点は否定できない。

　ブロックチェーン上にシステムを構築することで，そもそもデータの独占を回避することが可能となる。また，データへのアクセス権限やアクセスログをブロックチェーン上に記載しておくことで，データへのアクセスコントロールを極めて厳密に行うことが可能となる。

　仮にプラットフォーマーと言えども，プラットフォーム上のデータに対して恣意的にアクセスすることが不可能となる。この結果，プラットフォーム提供者が，その保持データから得られる利益を独占することは事実上不可能となる。逆に言うと，すべてのデータアクセスが中立的で信頼できる形で可視化される

40　Facebook に登録されていた個人情報がデータ分析会社の英ケンブリッジ・アナリティカに不正流出していた問題を受けて，Facebook のザッカーバーグ CEO は，対応策として３つのステップを発表。(https://www.facebook.com/zuck/posts/10104712037900071)。その３点目として，「ユーザーがどのアプリにアクセスを許可しているのかを理解できるようにする」が挙げられている。

ため，データから得られる利益を，データの本来の所有者（活動した者もしくはその活動した者から正当に譲り受けた者）に還元する仕組みが構築可能となる。

本節のシステムに照らして考えた場合，災害発生時の情報共有システムと言うだけでは，仮に災害耐性の話を除外したとしてもそれなりの投資コストが必要となることが想定される。その投資コストを自治体からの利用料で賄うとしても昨今の財政事情を勘案する限りでは，投資回収の見込みは立たない。

では公共システムとして構築すれば良いかと言えば，こちらについても，そもそもの国家財政の逼迫状況，各種あまたある行政ニーズとの優先順位調整，さらに省庁間の調整などを踏まえた場合において，本システムのような仕組みが速やかに整備されるとはおおよそ考え難い。

それに対して，このようなシステムを構築し，プラットフォームとして展開することで蓄積されるデータを基に別の社会的価値を実現し，その結果として収益を得る。その収益についてもプラットフォーマーがすべて独占するのではなく，データの正当な所有者に対して還元する仕組みを整備することをブロックチェーンにより担保する。それにより不当なデータの独占と流用という問題を回避しながら，社会的に有益なシステムを世の中に速やかに送り出すことができる，という点がブロックチェーンの意義の2点目である。

ブロックチェーンの意義は1点目の災害耐性よりも，2点目のプラットフォームオーナーシップ問題の解決こそがその本質である。政府や業界団体依存でない，社会有志により担われる真の意味での「公共（Public）」の実現こそが，ブロックチェーンの社会的意義と言える。

17 サプライヤー管理デジタルプラットフォーム

ブロックチェーンコンサルタント企業チェーンヤード（Chainyard）とIBMは，2019年8月，サプライチェーンにおけるサプライヤー管理・検証などのコ

スト削減などを目的とした新しいブロックチェーンネットワーク「Trust Your Supplier」（以下，「TYS」）を発表した。TYSには，ビール最大手アンハイザー・ブッシュ・インベブ（ベルギー），IT（情報技術）機器大手のシスコシステムズ，パソコンの聯想集団（レノボ），フィンランドのノキア，製薬会社の英グラクソ・スミスクライン，英通信大手のボーダフォンなどが参加している。

⑴　背　景

　企業の購買部門（バイヤー）の責務は，ソーシングや発注により的確にものを購入するだけではない。ソーシングや発注を行えるサプライヤー群を確保しておくことも重要な責務である。

　しかし，既存のサプライヤーの継続取引の認定や，さらには企業の要求を満たす新規サプライヤーとの取引口座開設には，それぞれの企業が個別にサプライヤー情報を収集していた。ただし，収集内容はほぼ同じであり，産業界全体で見れば重複作業が発生していた。またサプライヤーもバイヤー企業に，僅かずつ様式が違う同様な情報を提出するという無駄が生じていた。

図表3-39　サプライヤー管理プロセス例

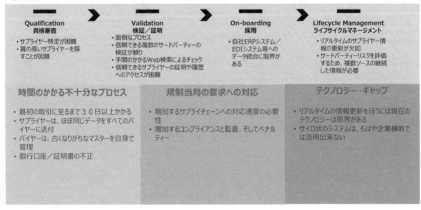

　また，現在のサプライチェーンにおけるこれらの従来型サプライヤーの管理方法は，書類による面倒なプロセスも多く，サプライヤーの資格（ISO 認定等）や銀行口座情報，納税情報および保険の証明書など管理・検証が難しいうえに，偽造などの不安もあった（**図表 3 -39**）。

(2)　提供される価値

　ブロックチェーン技術の特徴である分散型アプローチと改ざんができない監査証跡機能を使用した TYS は，時間のかかる手動プロセスをなくし，詐欺やヒューマンエラーリスクを低減，最終的にはサプライチェーン間にストレスのない流れを生み出すことが期待されている。

① 　バイヤーにとっての価値
　　- サプライヤーデータへのリアルタイムでのアクセス
　　- プロセスの大幅な簡素化
　　- サプライヤーに対するリスクの最小化とコンプライアンスの確保
　　- コンプライアンスを改善し，監査を迅速化するためのデータの永続的な確保

② 　サプライヤーにとっての価値
　　- 異なるバイヤーへの自社情報の重複提出を防止
　　- 新規バイヤーとの口座開設に要する時間の短縮が可能
　　- 新規バイヤーとの取引機会の拡大

(3)　提供される機能

　サプライヤーはバイヤー企業が取引可否の適格性の認定のための材料情報を TYS だけに登録する。これにより，各バイヤー企業の重複提出は不要となる。
　TYS はそのネットワーク上でサプライヤーのアイデンティティを証明する

デジタルパスポートを作成し，サプライヤーがネットワーク上で承認済みのバイヤーと情報を共有できる。

　以下の機能については，将来実装が予定されているものも含む。

① サプライヤー情報
　−地域および業界固有のサプライヤー要件
　−サプライヤーの評価とレビュー
　−カスタムアンケート
　−リアルタイムのサプライヤー情報

② 検証
　−第三者を活用したサプライヤー情報の検証と認証
　−銀行は仕入先口座情報を検証
　−金融，信用，保険，補償の検証
　−禁輸および監視リストのスクリーニング

③ 認証
　−認証済みの業界標準認証へのアクセス：ISO，ダイバーシティなど
　−奴隷制度−搾取工場，紛争鉱物−3TGs[41]など
　−認証のリアルタイム更新

④ 洞察
　−サプライヤーデータのパーソナライズされたダッシュボードの提供
　−実用的な洞察の示唆

41　3TGs：アフリカ諸国などの紛争地域で採掘された鉱物資源のことを紛争鉱物（Conflict minerals）と呼び，特に米国金融規制改革法（ドッド・フランク法）が定める規制対象の鉱物資源を3TGsと呼ぶ。3TGsとは，すず（tin），タンタル（tantalum），タングステン（tungsten），金（gold）の4物質の頭文字をとったもの。

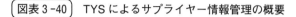

図表3-40 TYSによるサプライヤー情報管理の概要

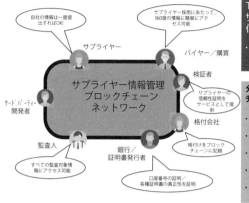

自社の情報は一度提出すればOK！

サプライヤー採用にあたって、360度の情報に簡単にアクセス可能

サプライヤー

バイヤー／購買

検証者

サプライヤー情報管理ブロックチェーンネットワーク

サプライヤーの信頼性証明をサービスとして提供

サード・パーティー開発者

格付会社

監査人

銀行／証明書発行者

すべての監査対象情報にアクセス可能

格付けをブロックチェーンに記録

口座番号の証明／各種証明書の真正性を証明

Trust your Supplier (TYS)：サプライヤーのデジタル・アイデンティティの信頼できる情報源

・ バイヤーは、ブロックチェーンにより、各種規制、コンプライアンス、環境関連、法務関連等の視点から、各種情報へのアクセス制御を実現

分散されたオリジナルの情報源が直接ブロックチェーンに情報提供

・ **D&BやT&Rのような検証者（Verifiers）：**
（信用格付、adverse mediaサービス（KYC）、等）
・ **ISO等の証明書発行者：**
（品質、保険、コンプライアンス、等）
・ **銀行：**
口座情報の検証
・ **監査人：**
（工場、財政状況、品質、等）
・ **政府：**
（OFAC(外国資産管理)、会社登録, 等）

⑷ 参加プレーヤー

　企業活動における購買活動は業種，業界を問わず必ず発生する取引であり，すべての企業が参加プレーヤーとなり得る。サプライヤー企業の認証のための必要な情報を提供する企業（金融機関，認証機関等）や公的機関（税務，その他監督官庁等）の参加は言うまでもない。また，第三者としての立場にて信用調査機関の参加も必須である。

⑸ ブロックチェーンを活用する意義

　ブロックチェーン技術は，すべてのトランザクションの監査証跡を変更不可能な分散台帳に記録することで，情報登録に対する説明責任と可視化を確立する。センシティブな企業情報の共有，その情報に基づく認証プロセスの可視化はこれまでも多くのエリアで非競争領域であったと思われるが，責任の所在の

不透明性により企業間での協業が行われることはなかった。

　しかしながら，ブロックチェーンによる透明性の高い情報共有や非常に強い耐改ざん性の提供により，このエリアでの協業が推進されることが期待される。

第4章

ブロックチェーンプロジェクト
の進め方

1 典型的な４つのステップ

　第１章から第３章を通じてブロックチェーンの概要と活用事例について理解が進んだと思うが，いざブロックチェーン技術を活用したプロジェクトを始めるにはどうしたら良いか見当をつけるのはなかなか難しい。ブロックチェーン技術の動作検証に重きを置いたプロジェクトは多数存在するが，ビジネス視点での目的が不明確なため，検証だけで終わってしまう残念な例が後を絶たない。ブロックチェーンはあくまで要素技術のひとつであり，AIやIoTなども含めてこれらの先端技術を活用して，何を実現したいかを明確にすることが重要である。それは，サプライチェーン全体の変革かもしれないし，産業や国境を超えた新しいビジネスモデルの創出かもしれない。ブロックチェーンありきでものごとを考えるのではなく，あくまで望ましい状態を実現するために，ブロックチェーンがどのように寄与し得るのかの順番でプロジェクトを検討していただきたい。初期の検討の中で以下のような特性が必要と思われる場合は，ブロックチェーン技術の活用を検討する価値がある。

- 複数の企業・組織が参加するビジネスネットワークが存在する。
- 参加者間の情報共有が非効率であり，デジタル化することに意味がある。
- 共有する情報の耐改ざん性に優れることが重要である。
- 特定の第三者が情報を一元的に管理することに不安がある・現実的でない。

図表4-1　ブロックチェーンプロジェクトの典型的な進め方

理解する	触ってみる	適用を考える	発展させる

検討企業で取り組む内容

ブロックチェーン技術や適用事例を理解	知識を身につけプロジェクト開始準備	ビジネス課題を定義し実証実験	新しいサービス提供に向け本格展開

IBMではこれまで全世界で600を超えるブロックチェーンプロジェクトを支援してきたが，典型的な進め方となる4つのステップを紹介する（**図表4-1**）。

(1) ステップ1 理解する

このステップでは，ブロックチェーン技術の概要や適用事例を学び，自身のバリューチェーンにおいて，数あるブロックチェーン実装技術のうちどれが適しており，どのような活用シーンが考えられるかの基礎知識を身につける。関連書籍やWebサイトでの情報収集に加えて，ブロックチェーンをテーマにした様々なセミナーやネットワークイベントも開催されており，自身が活用するうえでより大きなヒントを専門家や導入企業から得ることができる。

(2) ステップ2 触ってみる

このステップでは技術，ビジネスの両面からブロックチェーンの評価を行う。技術面ではステップ1で学んだブロックチェーン実装技術の中から自社のビジネスに適したものをいくつか選択し，実際に導入して簡単なアプリケーションを開発するのが良いだろう。多くの実装はオープンソースソフトウェアとして無償で配布されており，簡単にソースコードを入手して自身の環境で試すことができる。また，複数のベンダーからブロックチェーンネットワークを簡単に構築できるクラウドサービスが提供されており，無償トライアル期間（通常1か月）を活用してサービス間の比較を行うのも良いだろう。評価軸としては以下の項目が考えられる。

- 導入・運用の容易性
- スマートコントラクト開発言語の種類
- 非機能要件（性能，セキュリティ，プライバシー，連続稼働性など）
- 開発者コミュニティの充実度（情報収集の容易性，持続可能性）
- 稼働環境の多様性（ベンダーロックインの回避）

● 本番稼働実績

　一方，ビジネス面では自社が関わるビジネスネットワークにおいて，ブロックチェーンをどう活用できるかを具体的に考えたい。解決したい課題，ビジネスネットワークの主要な参加者と役割，ビジネスプロセス，ブロックチェーンが課題解決に寄与する理由，共有するデータの種類，想定される障壁などを議論する。幅広い視点でアイデアを出すためには，多様な会社・部署・職責のメンバーに参加してもらうのが望ましい。一例として以下の進め方を紹介する。

① 　付箋などを活用し細かい点は無視して可能な限り多くのアイデアを出す。

② 　類似のアイデアをグルーピングし，中身を確認しながら収斂させていく。

③ 　重要度と実現可能性の2軸で収斂させたアイデアを評価する。

④ 　③の評価に基づき深掘りするアイデアを選択する。

⑤ 　選択したアイデアを詳細化する。

⑶　ステップ3　適用を考える

　前の2つのステップで蓄積した基礎知識やラフなアイデアをベースにし，このステップではシナリオを具体化し，プロトタイプやデモの開発までを行う。この段階ではエコシステム全体の参加者をいきなり募るのではなく，核となる必要最小限のメンバーで開始するのが現実的である。シナリオ検討においては，ブロックチェーンありきで考えるのではなく，利用者の視点を徹底するデザイン思考を活用して実現したい状態を導き出したうえで，ブロックチェーンがどう寄与するのかを考えたい。アイデアが出たらそれをすぐに形にしたい。ここでは，従来のシステム開発で用いられるウォーターフォール型ではなく，最小限のプロダクトを開発してはユーザーのフィードバックを得て改善していくアジャイル開発を採用するのが一般的である。開発・稼働環境の構築に時間をかけないためにもクラウド上のブロックチェーンサービスを活用することが一般的である。

⑷　ステップ４　発展させる

　ステップ３で開発したプロトタイプを用いて意思決定者にデモを実施し，ビジネスモデルや投資モデルなどを具体化する。ブロックチェーンは複数企業が共同でプラットフォームを運営していくため，事業やシステム運営を永続的に行うためのガバナンスやインセンティブの設計が必要となる。また，参加企業の様々な要望に応えられるブロックチェーンの実行基盤の選択も重要である。さらに，各参加者の既存システムとの連携インターフェース，データやスマートコントラクト開発の標準化も欠かせない。プラットフォーム開発の投資を回収するため，ユーザーから利用料を徴収することも考えられ，その場合，料金体系の整備や保守についても検討が必要となる。

2　ネットワーク構築の進め方

　ブロックチェーンプロジェクトはひとつの組織で進めるのではなく，あくまで複数の利害関係者が集まってビジネスネットワークを共同構築・運営していくものである。これが，ブロックチェーンはチームスポーツであるとよく言われるゆえんである。本書ではビジネス用途に適した許可型ブロックチェーンネットワークを念頭に焦点を当てているが，ネットワークは３つのタイプに分類できる（**図表４−２**）。

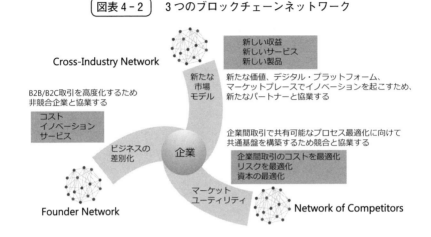

図表 4 - 2   3 つのブロックチェーンネットワーク

それぞれのネットワークの特徴について以下で解説していきたい。

(1) Founder Network

　業界リーダー，あるいはこれからリーダーを目指す中堅・スタートアップ企業などがコスト優位性，イノベーション，サービスの高度化などビジネス上の差別化要因を確保するため，自社のバリューチェーンの中でネットワーク構築を進めていくパターンである。例を挙げると，新たな金融サービスの構築に向けて岩手銀行を中心とした地方銀行のコンソーシアムから発展する Fitting Hub がこれに相当する。

　また，初期のウォルマートによる食のトレーサビリティーやマースクによる国際貿易プロセスのデジタル化の実験もここに分類されるであろう。Founder Network は規模の拡大や成熟の過程において次に紹介する Network of Competitors や Cross-Industry Network に発展していくケースが多い。逆にこの段階で止まってしまうと，なぜ既存技術ではなくブロックチェーンを活用するのかが問われることも考えられる。

⑵ Network of Competitors

　業界共通の非競争領域における課題を解決するため，競合他社も含めた業界の主要プレーヤーが参加してネットワークを共同で構築するタイプである。第3章で紹介した事例で言えば，ウォルマートの実験から発展し，競合の仏カルフールや米大手食品スーパーのクローガー，世界的食品メーカーのネスレ（スイス）などが参加するIBM Food Trustや，マースクをはじめとする世界の主要海運会社，フォワーダー，コンテナターミナル事業者，税関，荷主などが参加する国際貿易デジタルプラットフォームのTradeLensが代表例である。

　IBM Food Trustは食の安全という誰もが反対しない業界の共通課題の解決のために始まったが，バリューチェーンの川上から川下まで，いつ・どこで・誰が・何を・どのようにしたかというデジタル化された情報が収集されることで，これらを活用した独自のアイデアが生まれている。例えば，カルフールは自社プライベートブランドの商品にQRコードを付与し，その商品が生産者から消費者に渡るまでいかに安全に手間暇かけて生産・加工・運搬されてきたかを可視化し，ブランド価値と売上の向上を達成している。

　また，ハンバーガーのパテを提供する米ゴールデンステートフーズは，IBM Food Trustに存在するデータとIoTセンサーを活用した自社の温度管理システムを掛け合わせ，サプライチェーン全体を高度化し，シェアの拡大を目指している。このように，非競争領域の業界共通課題を解くために誕生したプラットフォームを競合会社と共同開発すると同時に，そのデータを活用した独自のアプリケーションで差別化を図り，トップラインの向上や業務プロセスの最適化を実現している。

⑶ Cross-Industry Network

　新しいビジネスモデルの構築に向け，自社が属する業界や国境を超えた新た

なパートナーと協業し，ブロックチェーンプラットフォームを構築していくタイプのネットワークである。例えば，自動車メーカー，決済事業者，電力事業者などが，CASE（Connected, Autonomous, Share, Electricity）時代を見据えて電気自動運転車＋少額決済を軸にした新たなシェアリングビジネスを展開するプラットフォームづくりなどが考えられ，ヨーロッパを中心に取組みが始まっている。また，第3章の例で言えば，三井物産子会社のグルーヴァースの取り組む「ウェルちょ」も，商社・食品メーカー・医療機関・健康サービス事業者など，業界の枠を超えて消費者を中心においた「ウェルネス」をテーマに新たな経済圏を築く取組みである。

　当節ではブロックチェーンプラットフォームの3つの類型を紹介したが，今後は商用化されたネットワーク同士が繋がる「Network of Network」が注目され，さらなるビジネス展開が期待できる。

3　構想の具体化

　本節においては，ブロックチェーンプロジェクトのプロジェクト構想の具体化に当たっての考え方および進め方について簡単に触れる。本節の内容は，IBM が全世界で関与した，ブロックチェーンプロジェクトにおける成功と挫折の経験に基づき体系化した Blockchain Value Design（BVD）という手法に立脚している。当然，その内容は発展途上であり，方法論として披露するには未成熟であると筆者も考えているが，読者の方々がブロックチェーンプロジェクトを考案，推進するに当たっての取っ掛かりとしては有用であろうとの考えに基づき，そのエッセンスについて紹介する。

　まず，ブロックチェーンプロジェクトの基本的な流れ（検討のステップ）と最初の段階で検討しておくべきと考える項目について提示し，各項目について検討のポイントを説明する。最後に，ブロックチェーンプロジェクトの構想具体化で必ず問題になる「Why blockchain?」問題について，その内容と対応の考え方を提示する。

(1)　検討のステップ／検討項目

　一言で「ブロックチェーンプロジェクト」と言っても，その目指すところ，立ち上げの経緯は様々だが，そのいずれにおいても，最終的に実現すべき内容は同じである。すなわち，複数企業を巻き込んだネットワークを組成し，何がしかの投資行為を行い事業を構築する。その事業で生み出された価値をネットワークメンバーに配分しつつ，事業基盤に再投資を行い，ネットワークと事業を拡大するというサイクルを作り出すことを目指すことになる。

　上記のような状態を作り出すために検討すべき内容は多岐にわたるし，また，最初は「やってみなければわからない」という面もあるため，最初から精緻を極めた計画を作成することは不可能である。一方で，長期間にわたって多くの関係者の物心両面の協力を得る必要があり，時と相手に応じて都度説明内容が変わるようであれば，そのような協力を長期にわたって得ることは難しい。したがって，様々な利害を持つ多くの関係者に対しての一貫した説明は，最初からできるようにしておく必要がある。

　このような相矛盾する要請を満たすために，IBMは検討ステップを大きく3つのレベルに分けている。その概要は以下のとおりである（**図表 4 - 3**）。

図表4-3　3つの検討ステップ

レベル	検討項目	検討参加者
レベル1 構想	1　検討領域 • 対象となるビジネスプロセス特定 • 想定される参加者／キーロール 2　取組みの必要性 • 市場の現況理解 • ペインポイント分析 • キーチェンジの設定 3　提供サービス／プロダクト仮説 4　実施インパクト • 各参加者のメリット試算 • 創出価値概算（メリット積算） • 全体費用概算	自社
レベル2 企画	1　提供サービス／プロダクト 2　マネタイズモデル 3　業務要件定義 4　創出価値精緻化 5　全体および各社のROI概算 6　ロードマップ	キーとなるパートナー参加者
レベル3 設計	1　システム要件定義 2　全体費用精緻化 3　企業連合の規約・運営方法 4　ネットワーク拡大方法	ネットワーク当初参加者

　本書では，最初の段階であるレベル1（構想）における各検討項目について，簡単に説明する。全部で7項目説明するが，これらの項目はこの順番で検討すれば良いというものではなく，実際はそれぞれの項目を行ったり来たりしながら全体として整合を取りながら具体化していくものとなる。本来方法論としては，検討項目とその検討順番の手戻りが発生しづらい形で提示できることが望ましいが，現時点ではそこまで洗練されていないというのが率直なところである。したがって，ある程度試行錯誤を行いつつ，最終的に以下の7項目をそれ

それ具体的かつ整合が取れた形で文書化する，ということが検討ステップレベル1である「構想」の具体化のゴールとなる。

① 対象となるビジネスプロセス

　ブロックチェーンは主に複数の組織／個人間でデータを共有するための仕組みである。したがって，ブロックチェーンを用いてビジネス価値を創出しようとする場合，複数の組織／個人が関わるビジネスプロセスを特定し，そのビジネスプロセスを検討の出発点とすることが最も効率的である。

　具体的には，企業間の商談プロセス，契約プロセス，受発注プロセス，物流・検収プロセス，決済プロセス等，商業活動に関わるプロセスなどが最も一般的に考えられる。そのうえで，食料品，デジタルコンテンツ，非鉄金属など特定の商品の流通に特化した形で設定しても良いし，また貿易事務など特定領域のプロセスにフォーカスしても良い。さらに，企業間のプロセスに限定する必要もなく，企業・消費者間（B2B もしくは B2B2C），個人間（C2C），政府機関，非営利団体，監査法人などの専門家組織などとのプロセスを対象としても構わない。

　大事なのは対象となるビジネスプロセスが具体的に特定されていることである。ブロックチェーンのプロジェクトはいまだ社会実装に至っているものは少なく，後述の「Why blockchain?」問題に代表されるように，ブロックチェーンプロジェクトとして成立・継続させるために満たすべき「条件」は色々な識者から数多く指摘されており，それらを最初からすべて満たすプロジェクト構想を仕立てることは極めて難しい。特に，検討プロジェクトの契機がブロックチェーン自体である「ブロックチェーンドリブン」の場合，プロジェクトにおいてブロックチェーンを活用することが期待されているため，最初から色々な「条件」を念頭にそれらの条件に抵触しないようにするあまり，検討内容が抽象的なレベルに留まってしまうケースが存在する。その結果，「結局何をするのか」を具体化できないまま頓挫してしまうケースが，おそらく読者の想像以上に多い。

これでは構想倒れ以前の問題であり，徐々に検討を深めていくということができない。現段階ではブロックチェーンプロジェクトの構想について，「この手順で検討すれば確実に手戻りがない」といった検討の方法論は存在しないということを踏まえて，まず対象となるビジネスプロセスを，既に例示したレベルの具体性で特定（限定）して，議論を進めることが大事である。

② 想定される参加者／キーロール

対象となるビジネスプロセスに関わる参加者については，メーカー，卸売業者，小売業者，著作権者，海運業者，環境保護団体，国土保全当局など，ビジネスプロセスにおいて担っている役割で定義される必要がある。そのうえで，その役割を担っている具体的な組織名（法人名）が例示できることが望ましい。

そのうえで，各参加者からキーロールの特定を行う。例えば，消費財の製造から消費者への販売に関わる一連のプロセスを対象とした場合，そこに関わる参加者は非常に多岐にわたる。いわゆる商流上にある，メーカー，卸売事業者，小売事業者だけではなく，倉庫業，陸運事業者など物流関連事業者も関与しているし，保健所など当局も関係している可能性がある。これらすべての種類の参加者をすべて均質に検討することは困難であり，構想として練り込むに当たって，検討対象とする参加者を絞り込む必要がある。何をもってキーロールとするかについては一義的に決まるものではないが，今回のプロジェクトで実現したい価値は何で，その価値を実現するために重要な役割を担うのは誰かという点から出発すると良い。今回のプロジェクトで実現したい価値は何かについては，この後説明する，ペインポイントやキーチェンジ（簡単に説明すると，今回のプロジェクトで何をして，何を解決しようとしているか）の検討を行うことで固まってくる部分があるため，その検討結果を踏まえて，改めてキーロールを再設定する流れとなる。

また，ブロックチェーンプロジェクトは他社も検討している場合があり，その場合はプラットフォーム間でどちらがより魅力的か，という競争関係に立つケースもある。そういったケースにおいてより優位に立つためには，ビジネス

プロセス上の役割の中で，担い手となる企業数が限られたものは何かに着目することも有効である。極端なケースで，一連のビジネスプロセスに不可欠な役割が，単一企業により独占的に担われている場合，その一社の取込みはビジネスネットワークの成立にとって不可欠であり，まさにキーロールであると言える。

③　市場の現況理解

　キーロールについて，その役割を担う具体的な企業または組織のリストアップを行う。シェア（売上額／出荷数／トランザクション数など様々な指標がありうる）が50％に到達するまで，その役割を担っている具体的な企業または組織名をリストアップしていくことを，IBMの方法論では推奨している。業界や役割によっては，該当企業が数万社に及ぶケースもあるが，このようなケースでは，すべてリストアップすることは現実的でない。そのような場合は，当然，代表的な企業のリストアップで構わないが，一方で，そのような役割が本当にキーロールとして優先的に検討すべき対象なのかについては，いったん考えてみる価値はある。

④　ペインポイント分析

　キーロールそれぞれについて，対象とするビジネスプロセスに関連して，どのようなことで困っているか（ペインポイント）を特定する。キーロールを構成する企業または組織が少ない場合など，個社ごとに分析を行うことができればベストであるが，組織数が多い場合や具体的な情報入手が困難な場合は，役割ベースで，「こういうことに困っている（いそう）」という形で整理していくことになる。

　ブロックチェーンプロジェクトの実現価値は，このペインポイントの解消がベースとなるため，プロジェクトの成功に向けて，ペインポイントの特定は非常に重要なタスクとなる。検討当初の段階では情報も少ないためある程度仮説ベースでの設定であっても構わないが，早い段階でヒアリング調査を行うなど，

裏取りを行うことが重要となる。

⑤ キーチェンジの特定

　ペインポイントの分析の結果を踏まえて，今回のプロジェクトの実現により，どのペインポイントの解消を図るかを決定する。検討段階のこの時点ではフィージビリティ（実現可能性）をそこまで突き詰めて考える必要はないが，どちらにせよ最終的に実現することを考えると，技術的な実現可能性についても目星をつけておいた方が良いことは言うまでもない。

⑥ 提供サービス・プロダクト仮説

　ペインポイントとキーチェンジを具体化していく中で，今回のプロジェクトでどのようなサービスまたはプロダクトを構築し，提供していくのか，というイメージが見えてくると思われる。ここでひとつ留意しておいた方が良いのは，このサービスまたはプロダクトのイメージは，あくまで仮説であるという点である。サービスやプロダクトの具体化は，検討ステップレベル２の「企画」で実施するものとなる。実際，検討ステップレベル１のこの時点では，ビジネスプロセスの全体像について完全な情報を持っているわけでもなく，さらに検討参加者がレベル２に移行する中で拡大するため，実際にプロジェクトで提供するサービスやプロダクトの具体的内容が大きく変わるケースも稀ではない。

　プロジェクトの進め方の話となるが，この時点でのサービスやプロダクトの仮説を決定事項として企業経営層などにコミットしてしまっているケースでは，事後的な検討を踏まえてサービスやプロダクトの内容変更を上申する必要に迫られたり，最悪の場合プロジェクト自体が頓挫するケースもある。

　プロジェクトで実現したいサービスやプロダクトの内容を具体的に示すことは無論重要であるが，この時点では確定させず，あくまでペインポイントとキーチェンジをベースとして，サービスやプロダクトについては仮説としてコミュニケーションすることが重要となる。

⑦ 実施インパクト

　結局，今回のプロジェクトを実施することでどの程度のインパクトがあるか
を定量化する。これまで紹介した検討項目を踏まえて，各参加者のメリットが
どの程度期待できるかを試算し，それを積算することでプロジェクトを通じて
創出可能な価値の総量が概算される。

　また，提供サービス・プロダクト仮説をベースに，過去の類似プロジェクト
や投資を参考にしながらコスト概算を行う。繰り返しになるが，提供サービ
ス・プロダクトは次のステップで改めて検討されるため，この時点で精緻な見
積もりを行う必要はなく，桁数がどの程度か，ぐらいの感覚で十分である。

　上記の検討により，プロジェクトを通じて創出される価値と実現に向けたコ
ストが概算レベルであるが可視化される。ネットワークの参加者は創出価値の
一部を対価として受け取り，投資コストを回収することになるため，この時点
で創出価値に対してコストが過大である場合は，ビジネスネットワークとして
の持続可能性が期待できない。その場合は，改めて7項目全体を再検討する必
要がある。筆者の個人的な感覚となるが，これまで様々な顧客の検討を支援し
てきた経験からすると，この時点で，概算コストの10倍以上の価値創出が見込
めない限り，魅力的なビジネスネットワークとするのは難しいと考えている。

⑵ 「Why blockchain?」問題

　本書でも繰り返し述べられているが，ブロックチェーンプロジェクト推進に
当たっての最大の課題は，「Why blockchain?」問題である。「この取組みを，
ブロックチェーン上で実装する必要性はあるのか？」という点を説明しきれず，
結果的にプロジェクト自体が頓挫してしまうことも多い。

　これまで検討ステップと検討項目を縷々説明してきたが，これらの検討項目
をすべて整理しても，この「Why blockchain?」問題を必ず乗り越えられるわけ
ではない。上記の検討ステップ・項目に従い，画期的なビジネスネットワー
クの構想を練り上げたとしても，すべての参加者が，従来型の中央集権的なプ

ラットフォームシステムへの参加を受け入れ，コストや実行面でも一切問題がなければ，ブロックチェーンを利用する必要性はほぼ無いと言える。

　ブロックチェーンを利用せずとも，画期的なビジネスネットワークの構築を通じた社会価値の創出を実現できれば問題はないのだが，問題はそれほど簡単ではない。多くの場合，プロジェクト推進者としては，「ブロックチェーンを利用する必然性は説明できないが，かといって，企画としては壮大なテーマとなっているため，ブロックチェーンを使わずに実現（関係者を説得）できる気がしない」という宙ぶらりんな状態に陥ってしまうのである。

　多くの場合，ブロックチェーンプロジェクトの構想策定段階では，プロジェクト推進者が自社の経営層に対して，構想の有効性や実現性に加えて，ブロックチェーンの必然性の説明責任を負うことになる。とはいえ，この時点では，推進者は「ブロックチェーンベースのネットワークであれば，関係者を参画させるための説得が可能かもしれない」ぐらいの感覚であることが多いはずである。

　上記で述べたとおり，あるビジネスネットワーク構想の実現を図る場合，「すべての参加者が，従来型の中央集権的なプラットフォームシステムへの参加を受け入れ，コストや実行面でも一切問題がなければ」という条件が満たされた場合，ブロックチェーンを用いる必然性はない。経営層や情報システム部門が，ビジネスネットワーク構築の難しさや，データの価値と権利意識の高まりといったブロックチェーンが検討されている時代背景について精通していれば，そのような条件が満たされることは現実的でない，ということは感覚的に理解できる。プロジェクト推進者にとっての経営層やシステム担当者がそのような人である場合は，ブロックチェーンを利用する必然性があり得るところまでは理解を得ることができる。

　しかし，現状，必ずしもそういった感覚を持っている経営者や情報システム担当者ばかりではない。さらに悪いことに，ブロックチェーンが登場した当初，低コストだとか，セキュリティが高いといった単純なメリットのみが吹聴され，事実関係が明らかになるにつれ失望が広がっていったという背景があり，ブ

ロックチェーンを怪しいもの，リスクが高いものと考える人も一定数存在する。そのような場合，ブロックチェーンを用いる必然性について，どうしても理解されないという状況に陥ってしまう。しかも推進者としてはおそらく上記の事情について感覚的に理解しているため，ブロックチェーン無しで推進できる気がしないということで，プロジェクト自体が推進力を失ってしまうという事態に陥る。

⑶　「Why blockchain?」問題への対応策

　一番効率的な対応策は，そもそも説得することを諦め，その人の協力・参画なしで実現する方法を考えることである。

　筆者も経験上，「Why blockchain?」に直面する機会は多く，上記のようなデータをめぐる時勢から丁寧に説明をしていた時期もあったが，こちらがブロックチェーンの必要性（優位性）を提示するごとに，知的ゲームのように代替手段の可能性（「こうすればブロックチェーンがなくてもできる可能性はある」）を提示し続けてくるケースも現実に存在する。実際にブロックチェーンでなければ絶対にできないという立証は難しく，そのような説得に労力を費やすより，他のパートナーとともにビジネスネットワークと社会価値の実現に尽力することがより生産的であり，合理的である。ブロックチェーンプロジェクトは，パートナー企業を自由に設計できるという点が魅力のひとつであり，説得不可能という見極めをすることも非常に重要である。

　ただ，自社の経営層やシステム部門の幹部，どうしても取り込みたいキープレーヤーなど，回避できないステークホルダーも存在する。また，ブロックチェーン自体新しい技術であり，「Why blockchain?」について全く説明できない，というのもプロジェクト推進者としては正しい態度とは思えないため，ある程度客観的に説明可能な状態にしておくべきである。

　ではどのようにするかであるが，IBM では，先に述べた7項目の具体化を

　行ったうえで、「すべての参加者が、従来型の中央集権的なプラットフォームシステムへの参加を受け入れ」るかどうかの簡易的なアンケート・ヒアリング調査を実施することを推奨している。質問項目や方法については工夫する必要があるが、キーとなる企業に対して、構想内容を説明したうえで、そのような構想への参加可能性有無、参加に当たっての懸念事項などを実際に確認するのである。結果として、構想自体が受け入れられないというのであれば、プロジェクト自体を見直すべきであるし、もしくはデータ流用などの懸念が関係者から一切出てこないというのであればブロックチェーンで推進する必要は本当にないため、推進者としては安心して従来型の中央集権的なプラットフォームシステムを用いる企画を推進すれば良い。

　そのような調査を行うに当たっては、自社がそのような構想を検討していること自体を知られたくないであるとか、それらの候補企業との接点がないといった事情もあるかと想定される。そのような場合には、外部の調査会社やコンサルティングサービスの利用が有効であると考える。それらのサービスを利用することで、自社の名前は伏せつつ、効率的に情報収集と構想検証を行うことができるので、利用の検討も一案である。

4 インセンティブ設計

(1) インセンティブ設計

　ブロックチェーンを活用したコンソーシアムや共同ビジネスプラットフォームを実現し、拡大させるためには、ネットワークに参加するすべての参加者に価値あるものとするためのインセンティブ設計が非常に重要になってくる。ブロックチェーンネットワークの構築は、まずは小規模かつ参加者も限られた環境でのPoC（実証実験）からスタートし、当フェーズでは技術面での検証や業務がどのように改善されるかを主眼にした検証を実施するのが一般的である。

PoCから実ビジネスへ展開する際には，できるだけ早期に，当ネットワークのビジネス価値・ビジネスモデルを検討することが望ましく，各参加者のインセンティブ設計を適切に実施することで，ネットワーク参加者が価値を評価し，当ネットワークを利用したビジネスを積極拡大することが，ネットワークビジネスの成功をもたらすことに繋がる。

⑵　プラットフォーム参加者にとっての主なインセンティブ例

①　既存業務の改善によるコスト削減

　ブロックチェーンにより，改ざんされない正しい情報を企業間で連携することができるようになった。このため，情報の誤りを確認する処理，誤りを訂正する処理，確実で正しい情報連携がされず発生する無駄なコストなどを回避でき，コスト削減を図れた。

②　新規ビジネス創出による収益獲得

　ブロックチェーンプラットフォームへの参加により，これまでアクセスできていなかった企業・顧客層・データなどにアクセスできるようになった。このため，新規ビジネスや顧客拡大に繋がり，収益向上を実現できた。

③　新たな信用創造

　企業間ビジネスフローにて他参加者に対する情報開示が進んだ。ビジネス上にて正しい業務処理・情報提供を行っていることが証明され，それによる新たな信用創造に繋がり，企業の評価が高まった。

④　プラットフォーム提供による利用手数料収入

　プラットフォームを構築し運営を行い，参加者からの利用料徴収を行う。プラットフォームの評価が高まり，徐々に利用者が増加することで，収益が拡大

した。

⑤　社会への貢献

　環境問題への貢献，労働問題への貢献など，社会への貢献に繋がる取組みを
実施した。企業の取組み姿勢が評価され，企業ブランドイメージの向上に繋
がった。

(3)　参加者の構成に応じたインセンティブ設計

　ブロックチェーンを活用したプラットフォームは，複数の参加者・参加企業
にて構成され連携を行う場合に，大きな価値を生み出すことが多い。参加者・
参加企業の構成は，ビジネス目的が異なる異業種企業間での連携のケース，競
合関係にある同業種企業間での連携のケース，プラットフォーム提供企業とプ
ラットフォーム利用企業など様々な構成が考えられる。

　特に，競合関係にある同業種企業間での連携の場合は，プラットフォーム化
のインセンティブを定義しづらい。一般的に，競合関係の企業間では，相互
データ開放には否定的で実施しづらいため，プラットフォーム上での共創が難
しい面がある。しかしながら，業界全体のビジネス拡大や顧客利便性向上のた
めには，同業企業共創プラットフォームは有用であるケースは多く，プラット
フォーム化の価値は高い。この場合，共有する処理・データ範囲を検討し，非
競争領域と競争領域を明確にすると良い。非競争領域は，必須の事務処理など
を共有することでコスト削減を狙い，競争領域，すなわち，施策やアイデアな
どの領域でビジネス収益を狙うといったインセンティブ設計が良い。

5　ブロックチェーンサービスの種類

⑴　ブロックチェーンのネットワークサービスとビジネスサービス

　ビジネスのアーキテクチャはネットワークサービスとビジネスサービスの両面が必要である。ネットワークサービスは技術的な基盤を，ビジネスサービスは価値の高いビジネスコンテンツを提供，あるいは利用する。ブロックチェーンビジネスにおけるネットワークサービスはブロックチェーンのプラットフォームを指す。コンソーシアム型ブロックチェーンの Hyperledger Fabric を例にすると，ピア（Peer）やオーダリングサービス（Ordering Service），チャネル（Channel）等が該当する。またビジネスサービスはスマートコントラクトやブロックチェーンに接続するための API，クライアントアプリケーションが該当する。ブロックチェーンビジネスに関わるステークホルダーはビジネスサービスとネットワークサービスをそれぞれの役割に応じて提供，あるいは利用する。ブロックチェーンサービスに関わるステークホルダーは5つに分類することができる。各ステークホルダーについては次節で述べる。

⑵　ブロックチェーンネットワーク参加者のロール

　前節で述べたように，ブロックチェーンビジネスにおいて重要な2つの要素をそれぞれのステークホルダーが役割に応じて，提供・利用する。本節では各ステークホルダーとその役割について説明する。

①　アプリケーションユーザー
　ブロックチェーンアプリケーションの利用者でデバイスやダッシュボード上

でブロックチェーンアプリケーションを利用する。アプリケーションユーザーがアプリケーションを通じて確認できるデータはブロックチェーンによって信頼性が担保されたデータも含まれる。

② クライアントアプリケーションの所有者

　アプリケーションサーバー上で稼働するアプリケーションとブロックチェーンの取引データを統合するロジックを提供する役割を持つ。またアプリケーションユーザーのアイデンティティを管理する。

③ スマートコントラクト提供者

　スマートコントラクトを開発し，クライアントアプリケーションの所有者の管理するアプリケーションと接続させる。

④ ブロックチェーンプラットフォーム利用者

　ブロックチェーンネットワーク上の参加組織として，組織の証明書の管理やスマートコントラクトのデプロイ，ネットワークリソースの監視を行う。

⑤ ブロックチェーンプラットフォーム提供者

　ネットワークへの変更を管理する役割を持つ。ブロックチェーンネットワークの構築やネットワークポリシーの定義を行う。コンソーシアムの代表者が中央集権的にこれらの管理を行うか，コンソーシアムの各参加メンバーが非中央集権的に行うことも可能である。

　図に各ステークホルダーの関係とブロックチェーンネットワークが作成されるまでのワークフローを示す（**図表 4 - 4，4 - 5**）。

　またこれらの役割を複数担う場合もある。PoC（実証実験）等の検証時は，ブロックチェーンのコンソーシアムの規模も少なく，1 社か 2 社でネットワークサービスとビジネスサービスの両方を担うケースが多い。

図表4-4　各ステークホルダーの関係

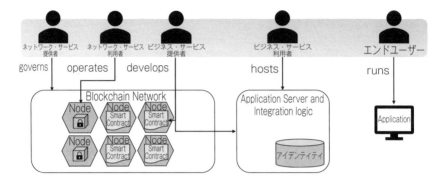

図表4-5　ブロックチェーンネットワークが完成するまでのワークフロー

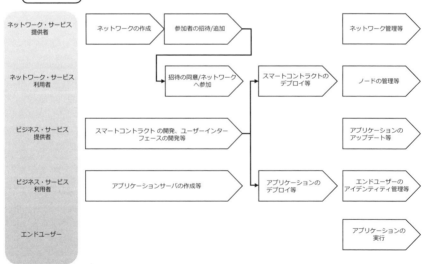

6 ブロックチェーンの技術的な課題や考慮点

(1) パフォーマンス

　ブロックチェーンは，参加者全員で，データを改ざんが困難な状態で共有されるようコンセンサスを取りながらデータを保存する仕組みのため，一般的なデータベースを使ったシステムと比較するとスループットが出にくい。大量のデータを高速に読み書きする処理や，大容量のデータをブロックチェーン上に書き込む処理はブロックチェーンで実装するのは適していない。ブロックチェーンを使ったビジネスを検討する際は，こうしたブロックチェーンの特性や課題を理解する必要がある。

　とは言っても，本格サービスでは大容量のデータを使った処理は欠かせない場合も多い。そういった場合は，ブロックチェーンと従来のデータベースやストレージサービス等を組み合わせて設計する必要がある。容量の大きい画像や動画のデータ，大量のデータは従来のデータベースやストレージ上に保存し，そのハッシュ値をブロックチェーン上に書き込むことでデータの改ざんを事実上困難な形で管理することができる。またブロックチェーン上のデータにアクセスする際も工夫が必要である。大量データの検索は従来のデータベース上で行い，取得したデータのみブロックチェーン上の値と照合して，改ざんされていないか確認することで，処理の向上が期待できる。

　ブロックチェーンシステムで利用するすべてのデータをブロックチェーン上で管理すると処理の遅延や，ストレージの容量コストの負担が大きくなるため，従来のデータベースやストレージサービスと組み合わせて，必要なデータやブロックチェーンの特性を活かせるデータをブロックチェーン上で管理するような設計をするといった工夫が考えられる。

⑵　スケーラビリティ

ブロックチェーンのノードは参加企業の増加に伴い増加するケースが多い。一般的に処理できるノードが増えると性能の向上が期待されるが，ブロックチェーンノードはすべてのノードで同じデータを管理し，同じ処理を実行するため，ノードの数が増えても処理の向上はあまり期待できない。むしろ採用しているコンセンサスアルゴリズムによっては処理能力が落ちる場合もある。こうしたスケーラビリティの問題に対してブロックチェーン技術の中にはスケーラビリティを改善するような取組みがされている。

Bitcoin の分野で注目を集めているライトニングネットワーク（Lightning Network）もそのひとつである。ライトニングネットワークはBitcoin のブロックチェーンネットワークのレイヤー2（ひとつ上の階層）に高速かつ高頻度で小額決済できるネットワークを作る技術である。他にも Ethereum の分野ではシャーディング（Sharding）やプラズマ（Plasma）といった性能を向上させる技術の開発が進められている。またブロックチェーンネットワークの性能を上げるためには，ノードの数を増やすスケールアウトではなく，スケールアップが必要である。つまりノード自体の CPU やメモリ，IOPS[1]を上げることで処理性能の向上が期待できる。無論，一般的なシステム同様にスマートコントラクト等のプログラムのロジックの効率化や書き込むデータ容量を減らすことで処理性能を上げることも可能である。

⑶　相互接続性

それぞれ別の技術で作られたブロックチェーンネットワーク同士，あるいは同じ技術でもブロックチェーンネットワーク同士での相互接続技術はまだ成熟

1　IOPS：Input/Output Per Second。1秒あたりにディスクが処理できる入出力アクセス数

していない。ブロックチェーンネットワーク同士を繋ぐ技術として，米リップ
ル社が開発，提唱したインターレジャープロトコル（Interledger Protocol）が
注目されている。例えば，Hyperledger Fabric のブロックチェーンネットワー
ク上で作成されたトークンを，Ethereum 上のブロックチェーンネットワーク
のアカウントに所有権を移転する等である。このような異なるブロックチェー
ンネットワーク同士を繋ぐことは，検証段階のものが多いが，今後，実用段階
に入れば，ブロックチェーン技術利用の幅が広がる。Hyperledger プロジェク
トでは，米リップル社と株式会社 NTT データによって開発された Hy-
perledger Quilt というプロジェクトでインターレジャープロトコルの開発に取
り組んでいる。Hyperledger Quilt は仲介者を用いて異なる台帳間でのアセッ
トの移転を実現しようとするプロジェクトである。

　このように異なるブロックチェーンネットワーク同士を繋ぐ技術の開発に取
り組んでいる一方で，ブロックチェーン同士の互換性についても開発が進んで

図表 4 - 6　Hyperledger Fabric 上での Ethereum のスマートコントラクト実行の
概要図

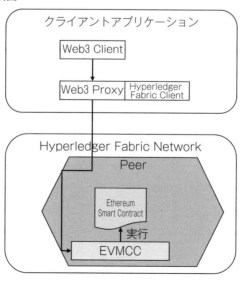

いる。Hyperledger プロジェクトでは Ethereum と連携したプロジェクトが進められている。Hyperledger Burrow は Ethereum のスマートコントラクトの実行基盤を提供するプロジェクトで，Hyperledger Fabric や Hyperledger Sawtooth にプラグインが提供されており，それぞれのブロックチェーンネットワーク上で Ethereum のスマートコントラクトを実行することができる。**図表4-6** に Hyperledger Fabric 上で Ethereum のスマートコントラクトを実行する際の概要図を示した。Hyperledger Fabric のピアに EVMCC という Ethereum のスマートコントラクトを実行するためのチェーンコード（Hyperledger Fabric ではスマートコントラクトのことをチェーンコードと呼ぶ）をデプロイし，EVMCC 上で Ethereum のスマートコントラクトを実行する。クライアントは Web3 Proxy というプラグインを使って，EVMCC 上の Ethereum スマートコントラクトを呼び出す。

　Hyperledger Besu は Ethereum の Java クライアントコードを開発するプロジェクトで，Ethereum のパブリックネットワークとプライベートネットワーク上で動作する。このように Hyperledger プロジェクトでは Hyperledger 以外のルーツのブロックチェーンとの協業を目的にいくつかプロジェクトが立ち上がっている。また Ethereum の企業利用を勧める団体 Enterprise Ethereum Alliance が Hyperledger プロジェクトに参画しており，異なるブロックチェーン技術同士の協業の輪が広がりつつあることがうかがえる。さらに，ブロックチェーンネットワークは既存システムや従来のアプリケーションとも接続が可能である。ブロックチェーンネットワークと接続する際は各ブロックチェーン技術で提供されている API を利用して接続するケースが多い。

　既存システムとブロックチェーンネットワークとの接続のユースケースとして，例えば，自動車のサプライチェーンを考えてみる。各社で個別に管理している製造情報のデータを API 経由でブロックチェーン上にも書き込むことでサプライチェーンのステークホルダー間で製品情報を共有することができる。これまでは各社にてバラバラに管理されていた情報を一貫して可視化することで，製品の品質の向上やリコール時の販売機会損失を抑えることが期待できる。

ブロックチェーンを活用したユースケースについては第3章で詳しく述べているので確認いただきたい。既存システムの置き換えをブロックチェーンで行おうとすると莫大なコストがかかるが，既存システムと連携して，付加価値を出せるようなユースケースの場合はコストも抑えることができ，参入障壁が低い。

⑷　入力データの正確性とモノとの紐づけ

　ブロックチェーン上で管理されるデータは事実上，改ざんが困難な状態で保存されており，データの信頼性が保存できるが，書き込まれるデータの正誤性は検証できない。つまり，ブロックチェーンに入力されるデータ自体が間違っていた場合，ブロックチェーンではその間違いを判断できず，そのままブロックチェーン上に保存されてしまう。またブロックチェーン上のデータと現実世界のモノとの結びつけもブロックチェーン単体で実現することは難しい。

　高級和牛のトレーサビリティーをブロックチェーンで管理するユースケースを例にとると，工場から店舗へ出荷する際にコンテナに高級和牛を格納し，その情報をブロックチェーン上に記録して，店舗へ配送する。本来は100キロの和牛を配送するはずが，工場職員が誤って101キロとブロックチェーン上に記録してしまった場合，101キロの牛肉がコンテナに格納されているとブロックチェーン上で記録されてしまう。

　また100キロの高級和牛の中に，悪意を持つ第三者が安い牛肉や他の肉を混ぜていたとしても，ブロックチェーンではそれを見抜くことができない。こうした課題を解決する方法として，IoT機器等を利用して，人手による誤入力を減らす，画像認識技術で商品の識別をする等の方法が考えられる。また参加者を関係者のみでコントロールされたコンソーシアム型のブロックチェーンであれば，データの入力者を特定し，不正をはたらいた参加企業を特定できるので抑止効果を発揮させることも可能である。ブロックチェーン技術だけではモノのすり替えや情報の正しさは判断できないため，他の技術や仕組みと組み合わせて，ブロックチェーン上の事実上改ざんできないデータの正しさを高める必

要がある。

⑸　ブロックチェーン上のデータの削除

　近年，個人情報の保護に関する規制が厳しくなっている。特に欧州で適用されている一般データ保護規則（GDPR）では個人情報を消す権利が定められており，サービス提供者は利用者が個人情報の削除を申し出た場合，期間内に削除しないと罰金を支払わなければならない。ブロックチェーンはその特性上，データを消すことができないため，個人情報をブロックチェーン上に書き込むことは推奨されない。個人情報を扱うブロックチェーンサービスを提供する際は，ブロックチェーン上のデータは削除することができないということを念頭に，法律の専門家に相談のうえ，個人情報の管理方法を決める必要がある。

　また，ブロックチェーン上のデータが削除できないことで，台帳の容量が日々，増加してしまう。従来のシステムであれば，利用しなくなったデータをアーカイブして，ストレージの容量を節約することも可能だが，ブロックチェーンの台帳はアーカイブ機能も実装されていないため，データは増え続ける一方である。ブロックチェーン技術の中には台帳のアーカイブ化機能の実装に取り組んでいるプロジェクトも存在するが，ブロックチェーン上に書き込むデータについては頻度やデータ容量を考慮して，必要なデータのみを書き込む設計にしないと，すぐにストレージ容量が肥大化してしまう可能性があることを考慮したい。

⑹　ブロックチェーン上のデータのプライバシー保護

　ブロックチェーンの特性上，ブロックチェーン上のデータはブロックチェーンネットワーク参加者であれば，誰でもアクセスすることができてしまう。製造業を例にすると，製品の売買等で企業ごとに割引率が異なり，製品の値段が変わることが考えられる。その場合，企業ごとにいくらで売買されているかが，

他の参加企業に見えてしまう可能性がある。ブロックチェーン上にデータを記録する際は，書き込まれたデータは参加企業間に公開されるという点を考慮する必要がある。プライバシー保護機能が実装されたブロックチェーン技術もいくつかあり，ブロックチェーンネットワークの中で限られた企業間での P2P（ピア・ツー・ピア）通信や，ゼロ知識証明を使って，プライバシーを保護した状態で取引を実行できる機能も提供されているので，このような機能を使うことも検討したい。

7　Blockchain as a Service の概要

(1)　Blockchain as a Service の特徴

　ブロックチェーンのサービスを提供するためには，ブロックチェーンのノードが稼働するサーバーの構築，ブロックチェーンネットワークを構成するためのノードの構築とスマートコントラクトの開発，ブロックチェーンネットワークからデータの読み書きを行い，エンドユーザーに表示するためのインターフェース等が必要になる。これらをすべて用意するのは手間もコストもかかる。また前節で述べたように，ブロックチェーンサービスを開発するにあたり，まずは必要最小限の機能をより早く作り，その有用性を検証することが重要である。そういった中で注目されているのが，Blockchain as a Service である。

　Blockchain as a Service とはブロックチェーンネットワークの構築に必要なインフラストラクチャが最初から用意されており，利用者がスマートコントラクトやアプリケーション開発に注力できるクラウドサービスである。また Blockchain as a Service の中にはブロックチェーンネットワークの運用に必要なオペレーションを専用の管理コンソールから行うことができる機能も提供されているものもあり，参加者を後から招待する際などに，複雑なコマンド入力や運用開始までの時間を削減することができるというメリットがある。一方で，

利用できるインフラ環境やブロックチェーン技術のバージョンを自由に選択できないなどの制約もある。また各クラウドベンダーが提供している Blockchain as a Service によっても提供機能や特徴が異なってくるため，それぞれの特徴を理解したうえで，どの Blockchain as a Service を使うかを検討したい。

⑵　主要な Blockchain as a Service

2019年10月執筆時点の各クラウドベンダーが提供する主要な Blockchain as a Service の概要を紹介する。

① Amazon Managed Blockchain

Amazon Managed Blockchain は AWS 上で動作するブロックチェーンネットワークを構築することができるサービス。管理コンソールからノードの追加等が行える。執筆時点では Hyperledger Fabric のみ対応しているが，今後は Ethereum ネットワークの対応も予定されている。サービスの特徴として，Hyperledger Fabric のオーダラー（Orderer）ノードのデータを QLDB という専用のデータベースで管理できる点がある。

② Oracle Blockchain Platform

Oracle Cloud 上で Hyperledger Fabric のネットワークを簡単に構築することが可能。専用の管理コンソールや構成のテンプレートが用意されている。Hyperledger Fabric の主なノードであるピア（Peer）のワールドステートに Berkeley DB を利用できることが特徴である。台帳や構成情報のバックアップサービスも Oracle Blockchain Platform のサービスに含まれている。

③ Azure Blockchain Service

Azure 上にブロックチェーンネットワークを構築することができるサービス。専用の管理コンソールからノードの構築等ができる。また Visual Studio Code

の専用の拡張機能と連携させることでスマートコントラクトをより簡単に構築させることができる。Azure が提供する Active Directory 等の他のサービスとも連携が可能。利用目的に応じてインスタンスとストレージを複数のタイプから選択できる。

④　IBM Blockchain Platform

　IBM Blockchain Platform は Hyperledger Fabric のネットワークを専用のコンソールから管理，構築ができるサービスである。IBM Cloud 上だけでなく，オンプレミス環境や他社クラウド上の環境にも構築することができる点や Hyperledger Fabric のノードやインフラのリソースを柔軟に変更できる点が特徴。30日間無料で利用できるプランと本格利用向けの Standard プランの2種類が提供されている。

8 あらためてブロックチェーンである理由

　本章では利害関係者を巻き込みながらブロックチェーン技術を活用したビジネスプラットフォームをいかに構築・運営していくかに焦点を当て，進めていくうえでのビジネス視点・技術視点双方からのチャレンジについて紹介してき

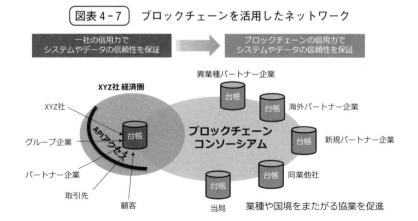

図表4-7　ブロックチェーンを活用したネットワーク

た。最後にあらためてブロックチェーンを活用すべき理由について議論したい。

　ブロックチェーン技術の活用を検討する企業（仮に XYZ 社とする）との会話でよく出る話が「弊社では XYZ ブロックチェーンプラットフォームを構築したい」というものである。しかし，XYZ 社が市場で非常に信頼されている企業であり，そのバリューチェーンにおいてもガバナンスが効いている状況であれば，ブロックチェーン技術を活用する意義は小さいと言える。XYZ 社が従来型技術を使ってシステムを厳重に管理・運営し，関係パートナーへデータ提供を依頼して API を通じてシステムにアクセスさせることが十分可能なはずである。また，Hyperledger Fabric のようなビジネス用途に適した許可型ブロックチェーン技術を活用する場合，1 社で運用してしまうと信頼レベルが従来型技術を使うのと変わらなくなる。もちろん，第2節で解説した Founder Network として将来的に複数の企業と台帳を分散して持ち合い，複数社で合意形成を図るような拡張性を見据えてブロックチェーンを活用することには意味があり，実際1社で開始するケースは多い。しかし，将来マルチステークホルダーで運用するロードマップがなければブロックチェーンの大きな特徴である耐改ざん性や民主性が損なわれることになる。

　本章の第2節でも述べたが，競合他社も含めて非競争領域における業界共通の課題を解決するためのネットワーク（Network of Competitors），業界や国境を超えて新たなビジネスモデルを創造するためのネットワーク（Cross-Industry Network）の構築において，ビジネス向けブロックチェーン技術を活用することに意義があると言える。なお，グローバル展開し，M&A などを通じて多くのグループ会社を持つ企業があるが，この場合は場所にとらわれず同じ内容の情報を持つデータを分散して持つというシステム特性を活かして，1社でブロックチェーン技術を活用するケースはあり，本格運用している事例も存在する。

第5章

日本発の業界プラットフォーム を目指して

　第4章まで，ブロックチェーンとは何か，なぜ今なのか，そして事例を参考として紹介しつつどのように進めていくのかについて見てきた。次の問いは，"では自分の会社はブロックチェーンを進めるべきなのか？"ではなかろうか。そこで本章では，技術者ではない一般のビジネスパーソンの読者が，ブロックチェーンについて社内で一言で説明することを念頭において，第4章までを振り返ることとする。次に自分（の会社）がブロックチェーンの取組みをすべきかについての参考として，どのような会社がブロックチェーンを利用した取組みを進めているのかを紹介する。そしてブロックチェーンの取組みを進めるとしたからには本番化，商用化までこぎつけていただきたく，途中で頓挫しないためのポイントを先行事例からの教訓も交えつつ提示する。これによって日本企業のデジタルトランスフォーメーション（以下，「DX」）化の一助となれればと考えている。

1　ビジネスの観点でのブロックチェーンとは？（これまでの振り返り）

(1)　なぜ今ブロックチェーンなのか？（第1章の振り返り）

　世界各国と比較した時の日本の労働生産性の低さは改めて言うまでもないことであるが，各業界における人手不足と少子高齢化による人口減少により労働生産性の向上は待ったなしの状況にあり，デジタル技術を最大限に活用して抜本的な業務変革を実現し，生産性を向上させるDXが注目されている。そしてDX実現の背景として，IoTの進展がある。

　IoTは，より多くのデータが集まれば，より多くのサービス，機能，知見が得られて，ネットワーク効果を拡大させる。そこで，消費者同士または消費者と事業者，または事業者同士を結ぶプラットフォーマーが台頭している。

　しかしFacebookによる大量の個人情報の不正利用や情報流出をきっかけに，プラットフォームに蓄積された個人情報を含む情報の利用についての懸念や警

戒心が生まれ，自分の所有する情報は自身で管理するという自己主権的な考え方が登場してきた。

　そこでブロックチェーンが注目される素地がでてきた。ブロックチェーンの登場自体は，Facebook の情報流出以前であるが，このような状況の中でブロックチェーンの良さが改めて認識されているのである。

　情報連携のプラットフォームを，改ざんが事実上不可能な形で複数の参加者により共同運営していくのがブロックチェーンである。共同運営なので，1人の管理者によって情報を不正に利用されたりすることはなく，情報を適切に管理することができる。単一管理者によるプラットフォームの弱点や危険性を，ブロックチェーンによって回避，低減できるのである。

　ブロックチェーンのビジネスへの適用については，金融機関が先行したが，すぐに全産業に利用が拡大し，現在では，欧米を中心にブロックチェーンを活用したプラットフォームの商用化が進んでいる。

　欧米との比較で言えば，日本企業のブロックチェーンに関する取組みは実証実験段階であることが多い。しかしながら第1章で引用したガートナージャパンの「警告」を再び挙げるまでもなく，国際貿易プラットフォームの TradeLens などのように海外企業が主導するプラットフォームを日本企業が利用することになると，そのルールや標準は，その海外企業たちによって決められていく。そのためプラットフォームを利用する日本企業にとって，相応のメリットは享受できるであろうが，同時に海外で決められたルールや標準に従わないといけないというリスクも抱える。その観点で，日本企業発の業界プラットフォームが強く求められていると認識している。

⑵　ブロックチェーンとは何か？（第2章の振り返り）

　ブロックチェーン技術は，様々な説明が可能であるが，ビジネスの視点で言えば，

「そのプラットフォーム上でなされるすべての取引について，消去・改ざん不

可能な記録として，関係者同士が同じ台帳を即時に共有することのできる，分散共有台帳である」
と理解しておけばよいと思う。

　複数の会社間での従来のデータ共有の仕組みでは，各社は自分のデータのみ管理し，中央の管理者が関係者全員のデータを統合した台帳を持って管理しているのが一般的であろう。このような仕組みでは中央の管理者がデータを独占しやすいし，万が一その中央の統合された台帳が何らかの原因で損ねられた場合には，統合台帳が失われてしまうという弱点があった。
　この弱点は，従来の技術でも克服可能であるが，ブロックチェーンという仕組み上，全体のデータを複数の会社で共有できることから，プラットフォームの運営がしやすく，障害にも強いとされる。

　では，そのような特長をもつブロックチェーンは具体的にはどのような場合に向いているのか。第4章では以下の特性がある場合に，ブロックチェーンが有効であることを紹介した。
- 複数の企業・組織が参加するビジネスネットワークが存在する。
- 参加者間の情報共有が非効率であり，デジタル化することに意味がある。
- 共有する情報の耐改ざん性に優れることが重要である。
- 特定の第三者が情報を一元的に管理することに不安があり，現実的でない。

⑶　何にブロックチェーンが使われているのか？（第3章の振り返り）

　2008年にブロックチェーンの理論に関するサトシ・ナカモトの論文が公開され，翌2009年にBitcoinが発表されてから10年が経った。一口にブロックチェーンと言っても，複数のブロックチェーンがあり，Bitcoinのように個人間を繋ぐものから，ビジネス用の機能を有したブロックチェーン基盤が開発されてき

た。

　ビジネス用途としては金融業界が先行したが，いまでは非金融の事業会社における事例が多く生まれている。

　具体事例は第3章に挙げられたとおりであるが，その事例は，大企業向けのプラットフォームから中小企業向けのものまで，また各会社の業務課題を解決しようとするものから，社会問題を解決しようとするものまで，様々である。

　どのプラットフォームも複数の目的のもと，複数の価値を提供していたり，様々な特徴や要素があったりするので，なかなか類型化は難しい。そもそもブロックチェーンによって抜本的に新しいビジネスや社会の仕組みを作り上げることを期待しているので，型にはめることは本末転倒であるが，それでも参考までにブロックチェーンの適用事例を分類すると，概ね次の4つに分かれるようである。

① 暗号資産（仮想通貨）や決済

　従来は決済当事者の間に金融機関が入り，時には金融機関と金融機関の間に別の金融機関が介在することから生じていた，決済のコスト・非効率・タイムラグなどの課題を，当事者同士で台帳を共有できるブロックチェーンで解決しようとするものである。

② 資産・台帳管理

　記録が上書き・改ざんしにくい形で保管され，共有されることから不正や障害に強いというブロックチェーンの特性を活かし，貨幣価値のある資産の台帳管理に使おうというものである。

③ サプライチェーン管理

　サプライチェーンには上流から下流まで多くのプレーヤーが存在し，それぞれのプレーヤーに多くの事業者がいるため，システム的な統合は難しく，業務が非効率であったり，サプライチェーン全体が見えないことによる非効率が

あったりした。サプライチェーン全体を一企業グループが仕切って管理することも難しく，業務やデータのデジタル化は遅れていたが，そこをブロックチェーンによるプラットフォーム運営のしやすさによって解消するものである。

④　新ビジネスモデル

今まであまり協業が考えられなかったビジネスパートナーと組み，AIやIoTなどの新しい技術も組み合わせ，全く新しい商品やサービス，ビジネスモデルに挑戦しようとするものである。

⑷　ブロックチェーンの取組みをどのように進めるのか？（第4章の振り返り）

幸いにも第3章でみたように，実験も含め数百のブロックチェーンプロジェクトが実施されたことにより，進め方の方法論もある程度は固まってきて，これからプロジェクトを実施する場合の指針になるようなものがまとまってきている。

基本的な進め方のベースラインは第4章で述べた，「理解する」→「触ってみる」→「適用を考える」→「発展させる」というものであった。ブロックチェーンは誰でも知っている知識というほどには世間に普及していないため，これからブロックチェーンに取り組むのであれば，最初の「理解する」から始めた方がよいであろう。一般のビジネスパーソンとしては，ブロックチェーンとは一言で言えば何であって，どのような特性があって，その特性を活かしてどのような用途に向いているのかをまず理解することである。これが説明できるようになると，自身の会社のビジネスに照らし合わせて，どのような部分にブロックチェーンを適用したらよいか，いくつか価値のあるアイデアを出せるはずである。

次の「触ってみる」では，文字どおり触ってみることは技術者に任せるとし

て，ビジネス側としては，そのアイデアを具体化するステップであるといえる。現在の課題は何で，その解決のためにどのような会社と協業できればよいのか，そのような会社はどのようなインセンティブがあればその企画に乗ってくれるのか，などである。つまり全体のビジネス構想である。このときのアイデア出しは，従来のブレインストーミングでもよいが，ブロックチェーンはこれまでになかった抜本的に新しい世界観を作り出すことを多くの場合期待されている。そうでなければ，従来の延長でよいはずである。よって，アイデア出しについても，デザイン思考のようなイノベーションのための思考法で実践することもよいだろう。

　アイデアがまとまったら，次は「適用を考える」である。アイデアを実際の現場レベルまで具体化するのである。そのアイデアが実現するとどのような業務プロセスになるのか。利用者はどこでどのような便益を享受するのか。もちろんこの段階では，そのアイデアが本当に正しいのか，誰にもわからない。そこでプロトタイプを作り，関係者で検証する。そしてそのプロトタイプを見せて，ブロックチェーンプラットフォームへの参加者を集める。言うまでもないが，紙の資料より実際に動くものの方が，たとえシンプルなものであってもインパクトは違い，またそこからさらなる発想が生まれる。

　そして最後のステップが「発展させる」である。最後のステップであるが，もっとも肝心なステップである。頓挫することが多いのもこのステップである。「適用を考える」のステップまではコンセプト先行なので，比較的容易に進められる。「発展させる」のステップで現実世界に入っていくので，様々な課題が出てくるのである。こうなるとブロックチェーンプロジェクトというよりも，通常のビジネスパートナーとの新規事業の立ち上げに他ならない。具体的なルールとプロセスを決め，本番のシステムを開発してリリースするのである。パイロットから始めて本番化，商用化がこのステップのゴールである。

　それら各ステップの具体的な内容は第4章で紹介したとおりであるが，従来のシステム開発方法論のように，各工程の成果物がきっちり決まっているわけでもなく，必ずしも順番に進めていかないといけないというものでもない。ブ

ロックチェーンを活用したプラットフォームは結局，競合会社も含む他社との協業ビジネスの具体化であるから，相手のあることであり，会社間で臨機応変に対応していくべきものであるからだ。とはいえ，ある程度の指針や参考事例があることは，進め方を考えるうえで非常に便利ではあるので，まずはやってみて，うまくいかなければ工夫してみるという使い方がよい。

コンソーシアムの構成についても 3 つのパターンが紹介されていた。

① Founder Network

　文字どおり，ひとつないしごく少数の会社がプラットフォームの立ち上げをリードするもので，コスト優位性，イノベーション，サービスの高度化などビジネス上の差別化要因を確保するため，自社のバリューチェーンの中でネットワーク構築を進めていくパターンである。立ち上げ当初は "Founder"（創業者）が引っ張っていくが，ブロックチェーンのプラットフォームという性格上，Network of Competitors や Cross-Industry Network に発展していくことが多く，またそのように発展させないとブロックチェーンを活用する意味がなくなってしまう。

② Network of Competitors

　業界共通の非競争領域における課題解決のため，競合他社も含めた業界の主要プレーヤーが参加してプラットフォームを共同で構築するパターンである。非競争領域においては競合会社とプラットフォームを共同で運用する一方，そのデータと別のソリューションとを組み合わせて差別化を図り，売上増やコアプロセスの最適化といった競争領域の高度化を実現している。

③ Cross-Industry Network

　業界や国を超えて新しいパートナーと協業することによって，新しいビジネスモデルの構築を目指すプラットフォームある。従来の業界といった枠組みを

超えて，それぞれの強みを共有することで新たな経済圏を築いている。

　パターンとしてはこのように類型化できるものの，必ずこのどれかで検討しなければならないとか，一度決めたパターンを維持しないといけないとか，固定化して考える必要はない。どのパターンにしても，複数の，特に外部の会社と協業していくのであるから，当然相手のあることであり，各社の思惑や利害に左右されることもあるし，各社とのクリエイティブな討論を経て，想定しなかった事業のアイデアが生まれてスキームを変えた方がよいということもある。協業相手と臨機応変に進めていけば良い。

　むしろ重要なことは，ブロックチェーンのプラットフォームとはいえ，要するに他の会社との新規事業であるから，事業の5W1Hの骨組みをしっかり固めることと，他の会社にもそのプラットフォームに乗ってきてもらうために，参加者に対するインセンティブ設計をしっかり行うことである。

　5W1Hとは，どの業務プロセスのどのような課題を解決するものか，そのプロセスに関わっているプレーヤーは誰で，そのうちの誰がその課題解決の鍵を握るのか，そして具体的にどのような会社に入ってもらうとプラットフォームの体をなすのかといったことであり，誰が何にいくらくらいカネを出すのか？，そしてそのプラットフォームからいくらのリターンを得るのかというカネの流れも重要になってくる。プラットフォームの運営にある程度関与する会社は，安くはない初期投資や運用費用を負担することになるので，稼げるプラットフォームということがある程度確実に見えるものでないと長続きしない。

　この「マネタイズ」問題が重要なポイントであることは，当たり前に聞こえるが，実際の検討では詰めが甘くなりがちなので留意したいところである。例えば，次のようなストーリーとなることは珍しくない。すなわち「プラットフォームにはデータが溜まるので，参加者にはそのデータを使ってビジネスをしてもらい，そこで収益をあげてもらえばよい。したがってプラットフォーム自体は儲けを狙うものでなくてよい」といったものである。しかしプラットフォームに参加すべきか考える側にとっては，話を聞いただけでは，そのデー

タがどう使えて，どれくらいの収入に結びつくかは，ほとんどの場合イメージ
が湧かず，よってプラットフォーム参加の ROI が見えず，参加を躊躇するこ
とになる。全く新しい事業を構想しているので，そこまで見えないという事情
も非常によくわかるが，一方でそこが見えないと参加できないということもま
た真実であるので，PoC で検証するなど，その点はしっかり設計したい。

2 では，あなたの会社はブロックチェーンを進めるべきか？

　第4章まで，ブロックチェーンとはどのようなもので，これまでどのような
事例があって，もしブロックチェーンの技術を利用したプロジェクトを進める
としたら，どのように進めたら良いかについて語ってきた。

　ブロックチェーンの話をしていると，「うちがプラットフォームをやるなん
て考えられない」という声を聞くことは珍しくない。確かにプラットフォーム
といえば，GAFA という用語に代表されるグーグル，アマゾン，フェイスブッ
ク，アップルを想起するのが普通だろう。実際，プラットフォームビジネスを
扱った書籍をみても，だいたい GAFA やアリババ，Uber や Airbnb などを素
材にしており，特にB2Bのビジネスをしている会社にとってはプラットフォー
ムなどは関係ないと見えるかもしれない。

　しかしプラットフォームと言うのは，決してこれらの消費者向けの巨人たち
ではないのである。第3章で見たように，様々な企業間取引のプラットフォー
ムができつつある。IoT の流れのもと，データを収集・分析して新たな付加価
値を狙うプラットフォームが登場し，国を超えて顧客獲得競争が進んでいる。
日本経済新聞の記事では，日本企業からは日立製作所のインフラ管理のプラッ
トフォームやコマツの建設機械管理のプラットフォームの事例が紹介されてい
る[1]。

　このように，プラットフォームビジネスはアマゾンのようなことをやれとい

1　「プラットフォーム競争激しく　顧客集める「開放性」カギ」（日本経済新聞朝刊　2019
　　年8月21日）

うことでは決してなく，どの会社にも該当する話である。そこで読者の会社が
ブロックチェーンに取り組む価値があるのかについての参考に供すべく，本書
を終えるにあたり，どのような会社がブロックチェーンの取組みを進めている
のかについて紹介する。そして途中で頓挫せず，本番まで進めるにはどのよう
な点に注意したらよいのかについても案内したい。

(1) 誰がブロックチェーンを進めているのか？

　2017年のデータだが，現在でも大きな変化はないと感じているので紹介させ
ていただく。このデータとは，IBM が毎年世界の CxO に経営課題についての
サーベイを行っているもので，ここで紹介するのは2017年にブロックチェーン
の取組みについて，日本を含む全世界3,000名の経営層に調査を行った時のデー
タである。

　このときのサーベイから読み取れる，ブロックチェーンの活用に取り組んで
いる会社には，次のような傾向がある。
- 自業界内で創造的破壊（Disruption）が起きている，もしくは他業界の創造
　的破壊が自業界もしくは自社に波及してきていると感じている。
- その動きの中で，現在のポジションを守りに入るというよりも，こちらから
　積極的に創造的破壊をしかけて攻めていきたいと考えている。
- そしてその変革に，時間的猶予はあまりないと認識している。
- その創造的破壊をプラットフォーム型ビジネスモデルによって起こしていき
　たいと考えている。

　このような会社が，ブロックチェーンを活用したプラットフォームを構築し
ようとしている。それぞれ具体的に見てみよう。

　1点目の「創造的破壊の波及」について，データは**図表5-1**のようになっ
ている。

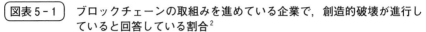

図表 5-1　ブロックチェーンの取組みを進めている企業で，創造的破壊が進行していると回答している割合[2]

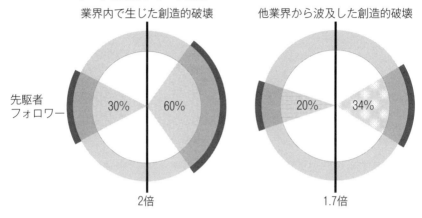

　このグラフで「先駆者」とは既にブロックチェーンの取組みを始めている会社（検討しているだけの会社は含まない。実証実験を含め，何らかのブロックチェーンの台帳やプログラムを開発した会社または開発している会社）であり，「フォロワー」とはブロックチェーンの検討すら行っていない会社である（「先駆者」と「フォロワー」の定義は以下同じ）。これを見ると，業界内外で創造的破壊が進んでいるという危機感を持つ企業が，ブロックチェーン技術に取り組んでいることがわかる。逆に，何も検討していない「フォロワー」を見ると，そのような危機感を持っていないことがわかる。

　2点目の「守りより攻め」についてのデータは，**図表5-2**のようになっている。

　ブロックチェーンに取り組んでいる「先駆者」のうち，ブロックチェーンで市場や業界に創造的破壊を起こしていきたいという企業は2割強。逆にブロックチェーンによって業界における現在のポジションを守りきろうという企業が

2　質問は「貴社の属する業界では，新たな競合やテクノロジーの出現による創造的破壊が，どの程度発生していますか。」n＝2,965

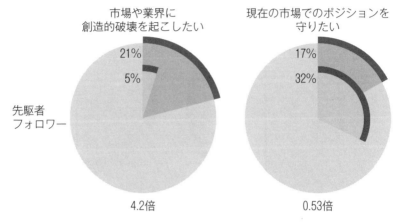

| 図表5-2 | ブロックチェーンの取組みを進めている企業で，守りより攻めと回答している割合[3] |

2割弱。ほぼ同数で有意な差はないのかもしれないが，ブロックチェーンの検討すらしていない「フォロワー」と比較すると「先駆者」の方がブロックチェーンで攻勢をかけようとしていることは言えるだろう。「フォロワー」は，はるかに守りに入っている。

　3点目の「時間的猶予がない」という点については，**図表5-3**のようになっている。

　ブロックチェーンに取り組んでいる「先駆者」の6割強は，変革を急ぐ必要があり，時間の猶予はないと認識して取り組んでいる。逆に検討すらしていない「フォロワー」は，緊急性がないので検討していないのであろう。

　そして最後の4点目の「ブロックチェーンに取り組んでいる会社は，ビジネスのプラットフォーム化によって，創造的破壊の脅威を突破しようとしている」という点については，**図表5-4**のようになっている。

3　質問は「貴社の現在の競争戦略に最も近いのは次のうちどれですか。」n＝2,965

図表5-3　ブロックチェーンの取組みを進めている企業で，変革の緊急性が高い
と回答している割合[4]

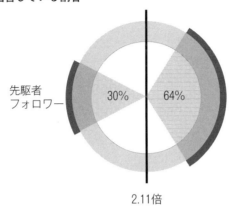

2.11倍

図表5-4　ブロックチェーンの取組みを進めている企業で，プラットフォーム型
ビジネスモデルを導入する予定と回答している割合[5]

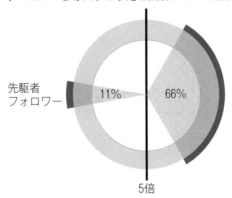

5倍

4　質問は「貴社の業界で起こっている創造的破壊の度合いを考慮すると，これに対応する
　ための自社変革はどの程度急を要しますか。」（比率は，5段階評価（「1－緊急性はまっ
　たくない」から「5－非常に緊急性が高い」）の「3」「4」「5」を選んだ回答者の数を
　表す。n＝2,965）
5　質問は「貴社は，プラットフォームビジネスモデルの採用に関して，どの段階にありま
　すか。」（比率は，「社内で実験中」「一部の外部パートナーで試験的に導入中」「実装中」
　のいずれかを選んだ回答者の数を表す。n＝2,965）

　「先駆者」の7割弱は，プラットフォームビジネスを志向している。厳密には，ブロックチェーン以外の技術によるプラットフォームビジネスを考えている可能性もあるが，ブロックチェーンの性質上，プラットフォームへの適用を考えていることは間違いないであろう。逆に「フォロワー」の大多数は，プラットフォームは眼中にない感がある。

　このように，パラダイムシフトを迫られるような危機感を持っている会社が，ビジネスのプラットフォーム化によってそれを打開できないかと期待して，ブロックチェーンの取組みを進めていることがうかがえる。そのような企業はおそらく，AIなどその他の新興技術についても積極的に試しているのであろう。逆に，そのような危機感，環境認識がない場合は，その認識が正しいか否かは別として，わざわざ新しい技術に取り組むインセンティブは働かないのであろう。いたってわかりやすい構図が表れていると思う。

　とはいえ，ブロックチェーンに取り組んでいる「先駆者」も完全なる自信を持ってブロックチェーンに取り組んでいるわけではない。紙幅の都合上，詳細を紹介できないが，このサーベイの他の質問とその回答には，「先駆者」もブロックチェーンに関する技術的な知識やリソースの不足はもちろんのこと，競合相手と連携したり，サプライヤーやベンダーとのネットワークを構築したりする点において経験不足と認識していて，試行錯誤しながら進めていることが表れている。

　もしあなたの会社が，創造的破壊をしかけようとしていたり，守勢にまわるのではなく何らかの攻めの一手を打ちたいと考えたりしているのであれば，ブロックチェーンによるビジネスのプラットフォーム化を検討すべきと言える。

(2)　参加するのか，仕切る側に回るのか？

　ブロックチェーンによるビジネスのプラットフォームを進めるとした時に，選択肢は2つある。すでにあるプラットフォームやその取組みに参加するのか，自分たちが音頭をとって仕切る側に回るのかの二択である。

　本来は両者に優劣はなく，通常のビジネス判断で費用対効果とリスクを勘案して選択すればよいが，攻めるためにブロックチェーンを活用していくのであれば仕切る側がよいだろう。当然，先行者利得があるし，一般に仕切る側が一般参加者よりもコストと労力をかけている分，果実の取り分も多いからである。

　確かにリスクもある。業界最大手の会社でも「うちがやるより，あの会社がやってくれたら乗っかるんだけどな」と公言して憚らない会社もある。しかし，ブロックチェーンによるビジネスのプラットフォーム化に関しては，最初は参加者として様子を見るという選択は非常にもったいないと思う。

　リスクに関しては，第4章で紹介しているようにリスクを低減しつつ進める方法がいくつかある。しかし，競合相手やビジネスパートナーとネットワークを構築しようと努力した経験は，仮にブロックチェーンプラットフォームが頓挫したとしても，ほかの技術で実現できるかもしれないし，そのメンバーで別のビジネスが生まれるかもしれない等の，創造的破壊を起こすきっかけになるはずである。少なくともその経験値は，しばらくは他社の追随を許さない資産になるはずである。

　そもそもリスクという点では，ブロックチェーンに取り組んだことに失敗するリスクと，プラットフォームを運営している他社（特に海外企業）にルールや標準を決められて，それに合わせにいかないといけなくなるリスク，どちらが避けたいリスクであろうかということである。

3 途中で頓挫しないためのポイントは何か？ －2つの要諦

　ブロックチェーンのプロジェクトも例外ではなく，第3章で紹介したような商用化しているプラットフォームや，本番への目処が立っているプラットフォームの裏で，無数のプロジェクトが実証実験やパイロットで終了していることも事実である。

　成否を分けるポイントは2つに絞られると思う。また，途中で頓挫する原因もほぼ次の2点である。

(1)　「Why Blockchain？」問題（関係者に納得してもらう）

　IT技術の観点から見れば，技術的にブロックチェーンでなければ作れないシステム機能はない。そのため，ブロックチェーンプロジェクトでは必ず，関係者の誰かから「これはなぜブロックチェーンでなければならないのか？」という問いが発せられ，関係者が納得できる答えができないと多くの場合，プロジェクトが終了する。その場合ブロックチェーンを使わずに従来の技術で実装すればよいと思うが，なぜか終了してしまうことが多い。

　繰り返すが，ブロックチェーンでなければならない技術的な必然性はなく，したがって，第4章で説明しているように，「すべての参加者が，従来型の中央集権的なプラットフォームシステムへの参加を受け入れ，コストや実行面でも一切問題がなければ，ブロックチェーンを利用する必要性はほぼ無い」のである。

　ブロックチェーンが登場した当初は，従来技術よりも構築コストが安くなると喧伝された時期があった。そのため，ブロックチェーンにコスト削減効果を期待する向きもあり，しばしば実証実験において従来技術とのコスト比較を行うことを求められる場合もある。しかし数多くのブロックチェーンプロジェクトが行われた今になって言えることは，ブロックチェーンを使った時のコスト

は従来技術で実装する場合に比べて，安くなるかもしれないし，高くなるかも
しれない，ということである。一般論ではなく，具体的な要件でコスト比較を
したとしても，従来技術とブロックチェーンとではシステム基盤から異なって
くるので，万人が納得する比較は難しい。したがって単純にコストが安いから
ブロックチェーンにするという論理は説得力を持たない。

　よって，「Why Blockchain？」のストーリーも万能なものはなく，その都度，
関係者の顔を思い浮かべながら論理を練るしかない。一番シンプルでオーソ
ドックスなパターンが，「ブロックチェーンは，かくかくしかじかの特性があり，
その特性が今回のプラットフォームにフィットするので，ブロックチェーンを
適用する」というもので，関係者が全員納得するのであれば，これが一番よい。
しかし第4章でも紹介しているように，関係者には様々な利害や思惑を持つ人
がいるので，このシンプルロジックが有効でない場合は，「すべての参加者が，
従来型の中央集権的なプラットフォームシステムへの参加を受け入れない可能
性があるため，ブロックチェーンを適用する」という論理になるであろうか。
そこで，「すべての参加者が，従来型の中央集権的なプラットフォームシステ
ムへの参加を受け入れ」るかどうかの簡易的なアンケート・ヒアリング調査の
実施を推奨したわけである。

　このアンケートは，プラットフォーム立ち上げ当初は，"すべての参加者"
といっても限られた参加者であるから，ある程度参加者が増えた時のことを想
定して回答してもらうことが前提である。プラットフォーム運営者が勝手に情
報を不正利用したという事実も合わせれば，答えは自明であると思うが，それ
とて否定論者にかかれば，「最初は普通に作って，将来必要になった時にブロッ
クチェーンにしたらどうか」という反論も出される。このように，「Why
Blockchain？」論争は，関係者によっては際限がないので，最後は，ブロック
チェーンプラットフォームの推進者が関係者を説得させて前に進める，その
リーダーシップと熱意に帰着する。

⑵　コンソーシアムの運営（初期の参加者をまとめあげる）

　ブロックチェーンは従来の中央集権的な仕組みとは違って民主的な仕組みによるものなので，これまで協業が難しかった競合相手や異業種との協業が進めやすい，と説明されることもある。確かにそのとおりであるが一方で，しょせんはそれぞれの価値観と利害を持つ事業体とそれを代表する人間の集まりである。当然論理だけでは進まず，様々な感情も交錯する。

　ネットワークは一般に，参加者が増えれば増えるほどネットワークの価値が増し，それがさらに参加者を呼び込み，価値が増大していくというネットワーク効果を狙うものである。ところが，コンソーシアム・メンバーの利害が一致しなかったり，そのプラットフォームで何を行うかというユースケースが決まらなかったりして，なかなかプラットフォームが立ち上がらなかったり，立ち上がっても参加者が少数で，コンソーシアムの活動が終了しかねない。

　活動を持続させるためには第3章で紹介した先行事例のような，リーダーの強力な推進力とともに，一方で参加者を立てるという微妙な匙加減がポイントのようである。先に紹介したサーベイでは，成功のポイントを以下の3点にまとめている。

①　優位性を創出し分かち合う
②　信用のリンクを作る
③　迅速に学びとり，オープンな姿勢を維持する

①　優位性を創出し分かち合う

　最初に重要なことは，プラットフォーム型ビジネスモデルは，参加者の相互作用によって支えられているという点である。そのために，プラットフォームへの参加者は他社の強みを排除するのではなく，いかに活用するか，それをいかに共有できるかについて焦点を当てるべきである。そしてプラットフォームを発展させるためには，すべての参加者が相応の便益を享受できるようにする

必要がある。

相互作用というのは以下のようなことである。

繰り返しになるが，プラットフォームはネットワーク効果が生まれないと意味がない。他にも同様なプラットフォームがいくつかあるだろう。その中で，そのプラットフォームが一番メリットがあると思われる時，参加者がそのプラットフォームに参加するのである。参加者の数が増えないと意味がない。もちろん参加者がすぐ脱退しても意味はなく，永続的にそのプラットフォームで企業活動を続けてもらわないといけない。

数の問題だけではない。プラットフォーム上のビジネスは，その参加者の相互作用によって支えられている。第3章で紹介したTradeLensは，貿易のプロセスを可視化，効率化するプラットフォームであるが，貿易を行う事業会社は複数の海運会社を利用している。例えば日頃利用している海運会社が3社あって，それぞれA海運，B海運，C海運としよう。その中でA海運だけがTradeLensに参加しても意味がないのである。全く意味がないとは言わないが，A海運はTradeLens，B海運は別のプラットフォームに参加していて，C海運は従来の手作業だとすると，貿易取引ごとに処理がバラバラになって，却って業務の効率は下がり，ミスも増えるだろう。事業会社から見ると，大部分の取引がそのプラットフォームで処理できないと参加意欲は湧かないはずである。

海運会社だけの問題ではない。貿易プロセスは，売手（輸出企業）から買手（輸入企業）に荷物が届くまでに，フォワーダー，海運業者，ターミナルオペレーター，規制当局，税関，船会社，貿易保険会社，金融機関など，非常に多くのプレーヤーが関与している。この内のどれかが欠けていると，プラットフォーム上で貿易プロセスが完結せず，プラットフォームの魅力が半減するのである。

プラットフォームは参加者の相互作業によって支えられているというのはこのようなことである。プラットフォーム上の取引に関わる参加者が，その種類と数ともに十分に揃っていないといけない。TradeLensの例でいえば，フォワーダー，海運業者といった登場人物とそれぞれの主だった会社に参加しても

らう必要がある。

その時のポイントは2点である。ひとつは，参加者にとってのROIが魅力的であること。もうひとつは特定企業色の排除である。

1点目のROIについては，当然のことながら，プラットフォーム参加費用はタダではないということだ。プラットフォーム利用料を継続的に支払う必要があるし，自社システムをプラットフォームに接続するためのシステムの改修も必要となる。これらの初期投資とランニング費用を上回るプラットフォームの便益がないといけない。

貿易のような従来の紙ベースの業務がデジタルに一気通貫でできるようになると効率化のメリットは大きいが，多くのプラットフォームの場合，プラットフォームを通じて集めたデータをいかにカネに変えるかというマネタイズの問題がつきまとう。データが溜まってそれがカネに変わっていくという仕掛けを作って，参加者を魅了し続けないといけない。

社会問題の解決を目指すプラットフォームだとしても，営利団体，非営利団体を問わず，参加者にカネが流れていかないと長続きしない。高尚な目標だけでは無理なのである。参加者に常時カネが回り，負担なく続けられる仕組みでなければならない。

2点目の特定企業色の排除については，業界横断的なプラットフォームであれば，日頃競争関係にある会社同士もイコールな参加者としてプラットフォームに参画，協力しないといけない。最初から競合同士が手を携えてプラットフォーム作りに邁進できればよいが，そうでない場合は企業色の払拭に神経を使うことになる。プラットフォーム立ち上げ当初は，限定された少数の会社で推進していくことが普通であるから，どうしてもその会社の色が出てしまう。参加者を増やすという観点では特定の企業色はない方がよいが，出てしまうのである。特定企業のカラーが出てしまっていると競合相手は参加することを躊躇する。

そこで先行事例では様々な試行錯誤をしている。第4章で述べているように方法論はあることはあるが，常にこれがベストというスキームやネットワーク

の構築方法はない。先行事例のいくつかのパターンを参考にしつつ，当事者間でベストなものを作り上げるしかないのが現実だ。

　具体的には，プラットフォームの運営会社を事業会社ではなく第三者的な団体や，業界色の薄いIT企業にするなどの例がある。一部の当事者でプラットフォームを構築，運営する合弁会社を設立することもよく見られる。早い段階で競合会社と話を進められればなおよい。逆に先に異業種と組んで，プラットフォームを立ち上げ，先行してしまうという手もある。プラットフォームの参加者から見ると多くのプラットフォームに参加するよりは，ひとつか，または限られた数のプラットフォームに参加する方が集約効果が高いため，先行してエコシステムを作ってしまうメリットは大きい。

　この項をまとめると，プラットフォームの価値は，参加者それぞれが強みを発揮することによる相互作用によって生まれ，それがさらなる参加者を呼び込み，さらに価値が高まっていく。そのためには，参加者が参加したいと思う魅力，つまり参加費用を補って余りある効果が永続的に得られる仕掛けが用意されていないといけない。同時に参加を躊躇させる特定企業色の存在などは極力払拭できるようなプラットフォームのスキームや運営ルールとし，参加のハードルも下げておく必要がある。

②　信用のリンクを作る

　「信用のリンクを作る」とは，比較的小規模な，信用できるパートナーによって「ミニマム・バイアブル・エコシステム」を形成し，パイロットを実施しつつ，全体として優位性を創出するための協業のあり方を学んでいくということである。同じ志と強い意志を分かち合うパートナーと言えども，各論では意見が異なることもあるのが普通である。

　例えば，データについてはどこまで共有し，どこから先をお互いに秘匿するのか，どの業務や機能をスマートコントラクト化するのか，誰にノードを持ってもらうのか，プラットフォームの運営者から一般参加者までどのランクに分け，それぞれどこまで利用できるようにするのか，どの費用をどのように分担

し，何のレベニューをどのようにシェアするのか，といった課題が出てきて，
それらをルール化しないといけなくなる。ルールができても，玉虫色の内容に
なりすぎていて，第三者目線でその内容をみるとエコシステムの価値や魅力が
ない，ということにもなりかねない。個別の具体的なルール決めは簡単ではな
く，その経験は日常の商取引では得難い，貴重なものである。

　そしてそのルールが回り始めると，徐々にプラットフォームを顧客や競合に
も拡大し，より難易度の高いコラボレーションに取り組んでいく。やがて，
もっと複雑な協業もできるようになり，競合ともパートナーになることができ
るようになる。ある程度の規模になれば，そのプラットフォームが業界標準と
なっていくであろうし，また業界団体と組んで業界標準を作り出すこともでき，
業界標準となれば国や地域を超えてグローバルに展開，連携する道筋も見えて
くるし，さらに参加者を増やしてネットワーク効果を大きなものとすることが
できる。

　参加者同士の「信用のリンク」を形成し，少しずつそのリンクを顧客や競合
相手にも広げ，より難易度の高いコラボレーションに取り組み，デファクトな
プラットフォームに高めていくのが，先行事例に見られるパターンである。

③　迅速に学びとり，オープンな姿勢を維持する

　「迅速に学ぶ」とは，前節の「参加するのか，仕切る側に回るのか？」で述
べたことであるが，仕切る側に回り，他社と距離を拡げることを意味している。
そしてそこで得た知見を臨機応変にビジネスに活かしていくオープンな姿勢を
保ち続けることが重要であると，サーベイの経営層や先行事例は語っている。

　ブロックチェーンのパイロットを実施することにより，行動をためらってい
る企業がすぐにはキャッチアップできないような多くの経験値と実践能力を体
得できる。また，先行者によるプラットフォームがその後何十年にもわたるブ
ロックチェーンの進化の方向性を決定づける可能性がある。そしてやがて業界
の標準になっていくかもしれない。どのような世界が到来するのかわからない
今こそ先行着手し，そこで得た知見をもとに俊敏に対応していく能力が最も必

要であると，サーベイに答えた経営層は言っている。

　もし，しばらく様子見をして，リスクが小さくなってから取り組もうとしているのであれば，今一度考え直してはどうだろうか。最初にブロックチェーンに取り組みはじめた企業は，後発の企業が簡単にはコピーできないようなノウハウと経験を蓄積している。しかも最初にできたプラットフォームがその後何十年もブロックチェーンの標準になるかもしれないのである。

　例えば，ブロックチェーン技術を活用したネットワークによって，参加者の信頼性と，取引の透明性が得られるようになる。今まで得られなかったデータが得られた時に，会社，個人，取引相手，顧客がどのように反応するか，どのような使われ方をするのか誰にもわからない。コンソーシアムの中小企業の集合知が大企業をひっくり返すのか？　ブロックチェーンで成功した企業は，そのプラットフォームをてこに他のプラットフォームと接続して，巨大なエコシステムを作り上げるのか？　誰にもわからない。わかった時にはすでに遅くなっている。

　もし仮に，ブロックチェーンによるプラットフォーム化を断念したとしても，他の技術でプラットフォームを構築すれば，そのネットワーク効果や先行者利得を享受できる。さらに仮にプラットフォーム化そのものを断念したとしても，プラットフォームの議論を通じて参加者間に信頼関係が築かれ，参加者同士の協業による次のビジネスの種が生まれているはずである。

4　結びに代えて－DX への挑戦

　本書ではブロックチェーンについて語ってきたが，ブロックチェーンはしょせん多くある IT 技術のひとつでしかない。DX の文脈では，ブロックチェーンは単体よりも，AI，RPA，IoT，5G などの技術と組み合わせることで，その効果をよりいっそう発揮する。例えば，第 3 章で紹介した，米ゴールデンステートフーズの冷凍パテの事例は，冷凍庫等の温度管理装置という IoT との連携によって，従来よりもきめ細かい鮮度管理を実現し，パテの廃棄コストを

極限まで減らした事例である。

　DX の定義は確立したものはなく，各社や論者が各様の定義をしているが，平たく言えば，"新興の IT 技術を駆使して，従来とは抜本的に異なる新しい商品やサービスの開発，ビジネスモデルの転換を行い，持続的な競争優位を確立する" と言っても大きな間違いはなかろう。日本企業については，先進国の中でも最下位クラスの生産性の低さと，世界の先陣を切って過去に例のないスピードで[6]少子高齢化に突入していくという先々の展望に対して，DX がその切り札のひとつとして期待されている。閣議決定された「Society 5.0」というビジョンのもとでは，DX の新しいイノベーションが創出する全く新しい付加価値によって，「まさに『革命的』に生産性を押し上げる大きな可能性を秘めている」と期待されている[7]。

　ブロックチェーンをてこに，これまで効率化が難しかったサプライチェーンが効率化されたり，従来は考えられなかった会社同士のコラボレーションが生まれて，全く新しい商品やサービスが開発されたりすることが期待されている。他の先進国よりもはるかに見劣りする日本企業の生産性が向上し，ブロックチェーン技術を活用した日本発の業界プラットフォームが次々と生まれて，海外のプラットフォームと競争しつつ，また連携しつつ巨大なエコシステムが展開していく姿を見たいと思う。

6　デービッド・アトキンソン氏によれば，今後数十年の日本の人口の減少スピードに匹敵する過去事例は，14世紀欧州のペスト流行まで遡ると言う。(「日本が『インフレになるはずがない』根本理由　アトキンソン氏『ペスト時の欧州に学ぶべき』東洋経済オンライン2018/04/20　https://toyokeizai.net/articles/-/216990)

7　内閣府「新しい経済政策パッケージについて」第3章。(2017年12月8日，閣議決定)

PaperNet のプログラム開発

A.1 PaperNet スマートコントラクト

第2章で解説した PaperNet ネットワークのスマートコントラクトが実際に
どのようにプログラミングされるか見てみましょう。PaperNet のスマートコ
ントラクトは，1つのファイルとして papercontract.js に記述されています。

● papercontract.js

```
 1  /*
 2  SPDX-License-Identifier: Apache-2.0
 3  */
 4
 5  'use strict';
 6
 7  // Fabric smart contract classes
 8  const { Contract, Context } = require('fabric-contract-api');
 9
10  // PaperNet specifc classes
11  const CommercialPaper = require('./paper.js');
12  const PaperList = require('./paperlist.js');
13
14  /**
15   * A custom context provides easy access to list of all commercial papers
16   */
17  class CommercialPaperContext extends Context {
18
19      constructor() {
20          super();
21          // All papers are held in a list of papers
22          this.paperList = new PaperList(this);
23      }
24
25  }
26
27  /**
28   * Define commercial paper smart contract by extending Fabric Contract class
29   *
30   */
```

```
31  class CommercialPaperContract extends Contract {
32
33      constructor() {
34          // Unique name when multiple contracts per chaincode file
35          super('org.papernet.commercialpaper');
36      }
37
38      /**
39       * Define a custom context for commercial paper
40       */
41      createContext() {
42          return new CommercialPaperContext();
43      }
44
45      /**
46       * Instantiate to perform any setup of the ledger that might be required.
47       * @param {Context} ctx the transaction context
48       */
49      async instantiate(ctx) {
50          // No implementation required with this example
51          // It could be where data migration is performed, if necessary
52          console.log('Instantiate the contract');
53      }
54
55      /**
56       * Issue commercial paper
57       *
58       * @param {Context} ctx the transaction context
59       * @param {String} issuer commercial paper issuer
60       * @param {Integer} paperNumber paper number for this issuer
61       * @param {String} issueDateTime paper issue date
62       * @param {String} maturityDateTime paper maturity date
63       * @param {Integer} faceValue face value of paper
64       */
65      async issue(ctx, issuer, paperNumber, issueDateTime, maturityDateTime, faceValue) {
66
67          // create an instance of the paper
68          let paper = CommercialPaper.createInstance(issuer, paperNumber, issueDateTime, maturityDateTime, faceValue);
69
70          // Smart contract, rather than paper, moves paper into ISSUED state
71          paper.setIssued();
72
73          // Newly issued paper is owned by the issuer
74          paper.setOwner(issuer);
```

```
75
76          // Add the paper to the list of all similar commercial papers in the ledger world state
77          await ctx.paperList.addPaper(paper);
78
79          // Must return a serialized paper to caller of smart contract
80          return paper;
81      }
82
83      /**
84       * Buy commercial paper
85       *
86       * @param {Context} ctx the transaction context
87       * @param {String} issuer commercial paper issuer
88       * @param {Integer} paperNumber paper number for this issuer
89       * @param {String} currentOwner current owner of paper
90       * @param {String} newOwner new owner of paper
91       * @param {Integer} price price paid for this paper
92       * @param {String} purchaseDateTime time paper was purchased (i.e. traded)
93       */
94      async buy(ctx, issuer, paperNumber, currentOwner, newOwner, price, purchaseDateTime) {
95
96          // Retrieve the current paper using key fields provided
97          let paperKey = CommercialPaper.makeKey([issuer, paperNumber]);
98          let paper = await ctx.paperList.getPaper(paperKey);
99
100         // Validate current owner
101         if (paper.getOwner() !== currentOwner) {
102             throw new Error('Paper ' + issuer + paperNumber + ' is not owned by ' + currentOwner);
103         }
104
105         // First buy moves state from ISSUED to TRADING
106         if (paper.isIssued()) {
107             paper.setTrading();
108         }
109
110         // Check paper is not already REDEEMED
111         if (paper.isTrading()) {
112             paper.setOwner(newOwner);
113         } else {
114             throw new Error('Paper ' + issuer + paperNumber + ' is not trading. Current state = ' +paper.getCurrentState());
115         }
116
117         // Update the paper
118         await ctx.paperList.updatePaper(paper);
```

```
119        return paper;
120    }
121
122    /**
123     * Redeem commercial paper
124     *
125     * @param {Context} ctx the transaction context
126     * @param {String} issuer commercial paper issuer
127     * @param {Integer} paperNumber paper number for this issuer
128     * @param {String} redeemingOwner redeeming owner of paper
129     * @param {String} redeemDateTime time paper was redeemed
130    */
131    async redeem(ctx, issuer, paperNumber, redeemingOwner, redeemDateTime) {
132
133        let paperKey = CommercialPaper.makeKey([issuer, paperNumber]);
134
135        let paper = await ctx.paperList.getPaper(paperKey);
136
137        // Check paper is not REDEEMED
138        if (paper.isRedeemed()) {
139            throw new Error('Paper ' + issuer + paperNumber + ' already redeemed');
140        }
141
142        // Verify that the redeemer owns the commercial paper before redeeming it
143        if (paper.getOwner() === redeemingOwner) {
144            paper.setOwner(paper.getIssuer());
145            paper.setRedeemed();
146        } else {
147            throw new Error('Redeeming owner does not own paper' + issuer + paperNumber);
148        }
149
150        await ctx.paperList.updatePaper(paper);
151        return paper;
152    }
153
154 }
155
156 module.exports = CommercialPaperContract;
```

07行目　// Fabric smart contract classes

08行目　const {Contract, Context} = require('fabric-contract-api');

09行目

10行目　`// PaperNet specific classes`

11行目　`const CommercialPaper = require('./paper.js');`

12行目　`const PaperList = require('./paperlist.js');`

先ず準備として，Hyperledger Fabric の標準クラス Contract, Context を利用するためにモジュール fabric-contract-api を読み込みます。次に Papernet 固有のクラス CommercialPaper, PaperList をユーザーが開発した別ファイル paper.js, paperlist.js から読み込みます。

17行目　`class CommercialPaperContract extends Contract {…}`

このクラスがスマートコントラクトの本体で，メソッドとしてトランザクションに対応する issue, buy, redeem が定義されています。このクラスは Hyperledger Fabric の Contract クラスを拡張（extends）しています。

33行目　`constructor() {`

34行目　　`// Unique name when multiple contracts per chaincode file`

35行目　　`super('org.papernet.commercialpaper');`

36行目　`}`

コンストラクターは，スーパークラス（Contract）から継承されたコンストラクターsuper()にコントラクト名 org.papernet.commercialpaper をわたして呼び出すことによって自身を初期化しています。

65行目　`async issue(ctx, issuer, paperNumber, IssueDateTime, maturityDateTime, faceValue) {`

　CP 発行（issue）のためにスマートコントラクトが呼ばれるとこの関数（メ
ソッド）に制御がわたります。引数 ctx はトランザクションコンテキストと呼
ばれ，常に 1 番目に来る引数です。これはトランザクションロジックの実行に
必要なコントラクトやトランザクション固有の情報，例えばトランザクション
ID，トランザクションを発行したユーザーのデジタル証明書，レッジャーAPI
へのアクセスなどを含みます。残りの引数は，issue トランザクションの定義
そのままです。

```
41行目   createContext() {
42行目      return new CommercialPaperContext();
43行目   }
```

```
17行目   class CommercialPaperContext extends Context {
19行目      constructor() {
20行目         super();
21行目         // All papers are held in a list of papers
22行目         this.paperList = new PaperList(this);
23行目      }
```

　スマートコントラクトはデフォルトのトランザクションコンテキストを使う
代わりに独自の createContext メソッドを定義して，コンテキストのプロパ
ティとして PaperList クラスのインスタンス paperList を使えるようにしてい
ます。これにより ctx.paperList.getPaper(), ctx.paperList.addPaper() などとし
て PaperNet のワールドステートに CP オブジェクトを読み書きする関数が利
用できるようになります。

```
55行目   /**
56行目    * Issue commercial paper
```

```
57行目    *
58行目    * @param {Context} ctx the transaction context
59行目    * @param {String} issuer commercial paper issuer
60行目    * @param {Integer} paperNumber paper number for this issuer
61行目    * @param {String} issueDateTime paper issue date
62行目    * @param {String} maturityDateTime paper maturity date
63行目    * @param {Integer} faceValue face value of paper
64行目    */
65行目    async issue(ctx, issuer, paperNumber, issueDateTime, maturityDateTime,
          faceValue) {

66行目

67行目        // create an instance of the paper
68行目        let paper = CommercialPaper.createInstance(issuer, paperNumber,
             IssueDateTime, maturityDateTime, faceValue);

69行目

70行目        // Smart contract, rather than paper, moves paper into ISSUED state
71行目        paper.setIssued();

72行目

73行目        // Newly issued paper is owned by the issuer
74行目        paper.setOwner(issuer);

75行目

76行目        // Add the paper to the list of all similar commercial papers in
             the ledger world state
77行目        await ctx.paperList.addPaper(paper);

78行目

79行目        // Must return a serialized paper to caller of smart contract
80行目        return paper;
81行目    }
```

　Issue メソッドのトランザクションロジックはシンプルです。まずトランザクションの入力パラメータから新しい CP をメモリー上に作成します。（68行目～74行目）そしてそれをワールドステートに書き出します。（77行目）ワールドステートに書き出す部分はトランザクションコンテキストから paperList.addPaper() を呼び出して行っています。この部分だけが await を伴うプロミス関数になっているのは，ここまでは paper インスタンスをメモリー上で作成するだけなのに対して addPaper() はワールドステートにアクセスして read/write-set を作成するからです。最後に追加した CP をトランザクションレスポンスとして返しています。（80行目）

　papercontract.js ファイルでは，CommercialPaperContract クラスのメソッドとして issue(), buy(), redeem() がトランザクションロジックを記述していましたが，その中で CP オブジェクトを定義，実装するために利用されていた CommercialPaper, PaparList クラスについて次に詳しく見ていきましょう。

　CommercialPaper クラスのスーパークラス State は state.js ファイルに定義されています。CommercialPaper クラスは paper.js ファイルに定義されています。これらのクラスは，ビジネスオブジェクト（この場合は CP オブジェクト）をインメモリーで作成，操作するためのデータ構造（インスタンスのプロパティの構造），メソッド，クラスメソッドを定めています。State はステート（状態＝プロパティの集まり）全般についてのクラスで，CommercialPaper はそれを拡張した（extends）CP オブジェクトのためのクラスになっています。

　インメモリーで作成された CP オブジェクトは，やがては PaperNet のワールドステートに書き込まれるのですが，それはこの後に続く StateList, PaperList クラス（StateList がスーパークラス）によって実現されます。

● state.js

```
1  /*
```

```
 2  SPDX-License-Identifier: Apache-2.0
 3  */
 4
 5  'use strict';
 6
 7  /**
 8   * State class. States have a class, unique key, and a lifecycle current state
 9   * the current state is determined by the specific subclass
10   */
11  class State {
12
13      /**
14       * @param {String|Object} class  An indentifiable class of the instance
15       * @param {keyParts[]} elements to pull together to make a key for the objects
16       */
17      constructor(stateClass, keyParts) {
18          this.class = stateClass;
19          this.key = State.makeKey(keyParts);
20          this.currentState = null;
21      }
22
23      getClass() {
24          return this.class;
25      }
26
27      getKey() {
28          return this.key;
29      }
30
31      getSplitKey(){
32          return State.splitKey(this.key);
33      }
34
35      getCurrentState(){
36          return this.currentState;
37      }
38
39      serialize() {
40          return State.serialize(this);
41      }
42
43      /**
44       * Convert object to buffer containing JSON data serialization
45       * Typically used before putState() ledger API
```

```
46      * @param {Object} JSON object to serialize
47      * @return {buffer} buffer with the data to store
48      */
49     static serialize(object) {
50         return Buffer.from(JSON.stringify(object));
51     }
52
53     /**
54      * Deserialize object into one of a set of supported JSON classes
55      * i.e. Covert serialized data to JSON object
56      * Typically used after getState() ledger API
57      * @param {data} data to deserialize into JSON object
58      * @param (supportedClasses) the set of classes data can be serialized to
59      * @return {json} json with the data to store
60      */
61     static deserialize(data, supportedClasses) {
62         let json = JSON.parse(data.toString());
63         let objClass = supportedClasses[json.class];
64         if (!objClass) {
65             throw new Error(`Unknown class of ${json.class}`);
66         }
67         let object = new (objClass)(json);
68
69         return object;
70     }
71
72     /**
73      * Deserialize object into specific object class
74      * Typically used after getState() ledger API
75      * @param {data} data to deserialize into JSON object
76      * @return {json} json with the data to store
77      */
78     static deserializeClass(data, objClass) {
79         let json = JSON.parse(data.toString());
80         let object = new (objClass)(json);
81         return object;
82     }
83
84     /**
85      * Join the keyParts to make a unifed string
86      * @param (String[]) keyParts
87      */
88     static makeKey(keyParts) {
89         return keyParts.map(part => JSON.stringify(part)).join(':');
```

```
90      }
91
92      static splitKey(key){
93          return key.split(':');
94      }
95
96  }
97
98  module.exports = State;
```

13行目　　　/**
14行目　　　* @param {String|Object} class An identifiable class of the instance
15行目　　　* @param {keyParts[]} elements to pull together to make a key for
　　　　　　　the objects
16行目　　　*/
17行目　　　constructor(stateClass, keyParts) {
18行目　　　　　this.class = stateClass;
19行目　　　　　this.key = State.makekey(keyParts);
20行目　　　　　this.currentState = null;
21行目　　　}

　State クラスのコンストラクターは，クラス名とキーの構成要素からなる配列（[issuer, paperNumber] など）を受け取ってビジネスオブジェクトの基本構造を持つインスタンス {class：クラス名，key：キー，currentStatus：オブジェクトの状態（ISSUED, TRADING など)} を生成します。State.makekey はこのクラスで定義されているキーを構成要素から生成するクラスメソッドです。

23行目　　　getClass() {
24行目　　　　　return this.class;

25行目　　　　}

インスタンスのクラス名を返すゲッター関数です。

88行目　　　static makeKey(keyParts) {
89行目　　　　　　return keyParts.map(part => JSON.stringify(part)).join(':');
90行目　　　　}

static があるのでクラスメソッドの定義です。map 関数により，配列 keyParts のそれぞれの要素（part）を JSON 文字列に変換して：で繋いでキーを生成しています。

• paper.js

```
1  /*
2  SPDX-License-Identifier: Apache-2.0
3  */
4
5  'use strict';
6
7  // Utility class for ledger state
8  const State = require('./../ledger-api/state.js');
9
10 // Enumerate commercial paper state values
11 const cpState = {
12     ISSUED: 1,
13     TRADING: 2,
14     REDEEMED: 3
15 };
16
17 /**
18  * CommercialPaper class extends State class
19  * Class will be used by application and smart contract to define a paper
20  */
21 class CommercialPaper extends State {
22
```

```
23    constructor(obj) {
24        super(CommercialPaper.getClass(), [obj.issuer, obj.paperNumber]);
25        Object.assign(this, obj);
26    }
27
28    /**
29     * Basic getters and setters
30     */
31    getIssuer() {
32        return this.issuer;
33    }
34
35    setIssuer(newIssuer) {
36        this.issuer = newIssuer;
37    }
38
39    getOwner() {
40        return this.owner;
41    }
42
43    setOwner(newOwner) {
44        this.owner = newOwner;
45    }
46
47    /**
48     * Useful methods to encapsulate commercial paper states
49     */
50    setIssued() {
51        this.currentState = cpState.ISSUED;
52    }
53
54    setTrading() {
55        this.currentState = cpState.TRADING;
56    }
57
58    setRedeemed() {
59        this.currentState = cpState.REDEEMED;
60    }
61
62    isIssued() {
63        return this.currentState === cpState.ISSUED;
64    }
65
66    isTrading() {
```

```
67        return this.currentState === cpState.TRADING;
68    }
69
70    isRedeemed() {
71        return this.currentState === cpState.REDEEMED;
72    }
73
74    static fromBuffer(buffer) {
75        return CommercialPaper.deserialize(buffer);
76    }
77
78    toBuffer() {
79        return Buffer.from(JSON.stringify(this));
80    }
81
82    /**
83     * Deserialize a state data to commercial paper
84     * @param {Buffer} data to form back into the object
85     */
86    static deserialize(data) {
87        return State.deserializeClass(data, CommercialPaper);
88    }
89
90    /**
91     * Factory method to create a commercial paper object
92     */
93    static createInstance(issuer, paperNumber, issueDateTime, maturityDateTime, faceValue) {
94        return new CommercialPaper({ issuer, paperNumber, issueDateTime, maturityDateTime, faceValue });
95    }
96
97    static getClass() {
98        return 'org.papernet.commercialpaper';
99    }
100 }
101
102 module.exports = CommercialPaper;
```

17行目　/**

18行目　* CommercialPaper class extends State class

19行目　* Class will be used by application and smart contract to define a paper

```
20行目    */
21行目    class CommercialPaper extends State {
22行目
23行目      constructor(obj) {
24行目        super(CommercialPaper.getClass(), [obj.issuer, obj.paperNumber]);
25行目        Object.assign(this, obj);
26行目      }
```

CommercialPaper クラスは State クラスを拡張（extends）して定義しています。したがって constructor(obj)｛…｝内の super(…) は State クラスのコンストラクターを呼んでいます。State クラスのコンストラクターは，クラス名とキーの構成要素からなる配列（［issuer, paperNumber］など）を受け取ってビジネスオブジェクトの基本構造を持つインスタンス ｛class：クラス名，key：キー，currentState：オブジェクトの状態（ISSUED, TRADING など）｝ を生成することを思い出して下さい。第 1 引数の CommercialPaper.getClass () は，このクラス内（97行目〜99行目）で定義されているクラスメソッドで，コントラクト名 org.papernet.commercialpaper を常に返します。State クラスの get-Class () メソッドでないことに注意して下さい。

Object.assign(this, obj) は，super(…) で生成したインスタンス（this）にコンストラクターの入力値 obj を追加して CP オブジェクトを完成させます。Object.assign() は，2 つの配列を引数として受け取り，第 1 引数の配列に第 2 引数の配列を追加（キーが重複していない場合）または上書き（キーが重複している場合）する働きがあります。

```
90行目    /**
91行目     * Factory method to create a commercial paper object
92行目     */
93行目    static createInstance(issuer, paperNumber, issueDateTime,
```

```
                maturityDateTime, faceValue) {
94行目              return new CommercialPaper({issuer, paperNumber, issueDateTime,
                maturityDateTime, faceValue});
95行目          }
```

ファクトリーメソッド createInstance() は入力パラメータを CommercialPaper のコンストラクターにそのままわたしてインメモリーの CP オブジェクトを生成します。CommercialPaperContract クラスの issue() メソッドは，これを使って CP オブジェクトを生成していました。

```
let paper = CommercialPaper.createInstance(issuer, paperNumber, issueDateTime,
maturityDateTime, faceValue);
```

インメモリーで作成された CP オブジェクトは PaperNet のワールドステートに書き込まれるのですが，それを行うのが PaperList クラスです。

PaperList クラスのスーパークラス StateList は statelist.js ファイルに定義されています。PaperList クラスは paperlist.js ファイルに定義されています。StateList はワールドステートのステート全般についてのクラスで，同種のステートを収容する名前付きのリスト（ステートリスト）を作り，このリスト名を含むキーを付けてステートをワールドステートに読み書きします。ただし実際のワールドステートへの読み書きは Hyperledger Fabric の API（putState, getState）を使って行います。PaperList は StateList を拡張した（extends）CP オブジェクトのためのクラスになっています。

• statelist.js

```
1 /*
2 SPDX-License-Identifier: Apache-2.0
3 */
```

```
4
5  'use strict';
6  const State = require('./state.js');
7
8  /**
9   * StateList provides a named virtual container for a set of ledger states.
10  * Each state has a unique key which associates it with the container, rather
11  * than the container containing a link to the state. This minimizes collisions
12  * for parallel transactions on different states.
13  */
14 class StateList {
15
16    /**
17     * Store Fabric context for subsequent API access, and name of list
18     */
19    constructor(ctx, listName) {
20        this.ctx = ctx;
21        this.name = listName;
22        this.supportedClasses = {};
23
24    }
25
26    /**
27     * Add a state to the list. Creates a new state in worldstate with
28     * appropriate composite key.  Note that state defines its own key.
29     * State object is serialized before writing.
30     */
31    async addState(state) {
32        let key = this.ctx.stub.createCompositeKey(this.name, state.getSplitKey());
33        let data = State.serialize(state);
34        await this.ctx.stub.putState(key, data);
35    }
36
37    /**
38     * Get a state from the list using supplied keys. Form composite
39     * keys to retrieve state from world state. State data is deserialized
40     * into JSON object before being returned.
41     */
42    async getState(key) {
43        let ledgerKey = this.ctx.stub.createCompositeKey(this.name, State.splitKey(key));
44        let data = await this.ctx.stub.getState(ledgerKey);
45        if (data){
46            let state = State.deserialize(data, this.supportedClasses);
47            return state;
```

```
48          } else {
49              return null;
50          }
51      }
52
53      /**
54       * Update a state in the list. Puts the new state in world state with
55       * appropriate composite key.  Note that state defines its own key.
56       * A state is serialized before writing. Logic is very similar to
57       * addState() but kept separate becuase it is semantically distinct.
58       */
59      async updateState(state) {
60          let key = this.ctx.stub.createCompositeKey(this.name, state.getSplitKey());
61          let data = State.serialize(state);
62          await this.ctx.stub.putState(key, data);
63      }
64
65      /** Stores the class for future deserialization */
66      use(stateClass) {
67          this.supportedClasses[stateClass.getClass()] = stateClass;
68      }
69
70  }
71
72  module.exports = StateList;
```

14行目　class StateList {

15行目

16行目　　/*

17行目　　 * Store Fabric context for subsequent API access, and name of list

18行目　　 */

19行目　　constractor(ctx, listName) {

20行目　　　　this.ctx = ctx;

21行目　　　　this.name = listName;

22行目　　　　this.supportedClasses = {}

23行目

24行目　　　}

StateList は同種のステートを収容するリストを定義するためのクラスですから，コンストラクターが生成するインスタンスはこのリストになります。インスタンスのプロパティは，トランザクションコンテキスト（ctx），リスト名（name），サポートするクラス（supportedClasses）からなります。トランザクションコンテキストは，メソッドで Hyperledger Fabric API を呼び出す時に必要になります。サポートするクラスは，ワールドステートから読み出したステートを文字列からオブジェクトに復元する時に必要になりますが，初期値は空です。メソッド use() で追加することができます。

```
26行目    /**
27行目     * Add a state to the list. Creates a new state in worldstate with
28行目     * appropriate composite key. Note that state defines its own key.
29行目     * State object is serialized before writing.
30行目     */
31行目    async addState(state) {
32行目        let key = this.ctx.stub.createCompositeKey(this.name, state.
                   getSplitKey());
33行目        let data = State.serialize(state);
34行目        await this.ctx.stub.putState(key, data);
35行目    }
```

addState() は，ステートをこのインスタンスが表すリストに追加して，ワールドステートへ書き込むメソッドです。Hyperledger Fabric API の createCompositeKey() によりこのリスト名とステートがもともと持っているキーからキーを合成し，シリアライズしたステートと共に Hyperledger Fabric API の putState() によってワールドステートへ書き込みます。なお，putState() の

処理結果は最終的にはワールドステートに書き込まれますが，スマートコント
ラクトが実行されて，トランザクションレスポンスを作成する時点では，書き
込み予定のデータを計算して Write セットを作成するだけです。トランザク
ションがオーダーで順序付けされブロックに詰められて，コミッター（Com-
mitting Peer）でバリデーションが行われた後に初めてワールドステートに書
き込まれます。

• paperlist.js

```js
 1  /*
 2  SPDX-License-Identifier: Apache-2.0
 3  */
 4
 5  'use strict';
 6
 7  // Utility class for collections of ledger states -- a state list
 8  const StateList = require('./../ledger-api/statelist.js');
 9
10  const CommercialPaper = require('./paper.js');
11
12  class PaperList extends StateList {
13
14      constructor(ctx) {
15          super(ctx, 'org.papernet.commercialpaperlist');
16          this.use(CommercialPaper);
17      }
18
19      async addPaper(paper) {
20          return this.addState(paper);
21      }
22
23      async getPaper(paperKey) {
24          return this.getState(paperKey);
25      }
26
27      async updatePaper(paper) {
28          return this.updateState(paper);
29      }
30  }
```

```
31
32
33  module.exports = PaperList;
```

12行目   class PaperList extends StateList {

13行目

14行目   constructor(ctx) {

15行目   super(ctx, 'org.papernet.commercialpaperlist');

16行目   this.use(CommercialPaper);

17行目   }

StateList クラスを拡張（extends）して，CP オブジェクトを収容するリストを表す PaperList クラスを定義します。コンストラクターは，スーパークラスの StateList のコンストラクター（super）にトランザクションコンテキスト（ctx）とリスト名（org.papernet.commercialpaperlist）をわたしてインスタンスを生成した後，サポートするクラスに CommercialPaper を追加しています。これはワールドステートから読み出した CP オブジェクトをデシリアライズできるようにするためです。

19行目   async addPaper(paper) {

20行目   return this.addState(paper);

21行目   }

addPaper（paper）は，CP オブジェクト paper をリストに追加して，ワールドステートに書き込む非同期メソッドですが，行っているのはスーパークラス StateList から継承した addState() メソッドを呼ぶだけです。

■まとめ：スマートコントラクトの詳細を見てきましたが，プログラム設計の

流れの観点でまとめると以下のようになります。

1. ビジネスモデリングから抽出したビジネスオブジェクト（paper）の構造，インメモリーでの処理メソッドをクラスに記述する。（CommercialPaper）
   - その際，ステート一般として扱うクラス（State）とそれを拡張してビジネスオブジェクトを扱うクラス（CommercialPaper）に分けて記述する。
2. インメモリーのビジネスオブジェクトをワールドステートに読み書きするためのクラス（PaperList）を記述する。このクラスでは，同種のビジネスオブジェクトを収容するリストを定義し，ビジネスオブジェクトはリスト名との合成キーによってワールドステートへ読み書きする。これによりビジネスオブジェクトがリストに所属する関係が表現される。
   - この場合も，ステート一般として扱うクラス（StateList）とそれを拡張してビジネスオブジェクトを扱うクラス（PaperList）に分けて記述する。
3. 以上のクラス（CommercialPaper, PaperList）を利用してトランザクションロジックをメソッドとして定義するスマートコントラクトクラス（CommercialPaperContract）を記述する。

A.2　PaperNet クライアントアプリケーション

第 2 章で解説した PaperNet ネットワークのクライアントアプリケーションが実際にどのようにプログラミングされるか見てみましょう。ここでは，MagnetoCorp の CP を 1 つだけ発行する簡単なクライアントアプリケーション issue.js について説明します。

- issue.js

```
1  /*
2  SPDX-License-Identifier: Apache-2.0
3  */
4
5  /*
```

```
 6   * This application has 6 basic steps:
 7   * 1. Select an identity from a wallet
 8   * 2. Connect to network gateway
 9   * 3. Access PaperNet network
10   * 4. Construct request to issue commercial paper
11   * 5. Submit transaction
12   * 6. Process response
13   */
14
15  'use strict';
16
17  // Bring key classes into scope, most importantly Fabric SDK network class
18  const fs = require('fs');
19  const yaml = require('js-yaml');
20  const { FileSystemWallet, Gateway } = require('fabric-network');
21  const CommercialPaper = require('../contract/lib/paper.js');
22
23  // A wallet stores a collection of identities for use
24  //const wallet = new FileSystemWallet('../user/isabella/wallet');
25  const wallet = new FileSystemWallet('../identity/user/isabella/wallet');
26
27  // Main program function
28  async function main() {
29
30      // A gateway defines the peers used to access Fabric networks
31      const gateway = new Gateway();
32
33      // Main try/catch block
34      try {
35
36          // Specify userName for network access
37          // const userName = 'isabella.issuer@magnetocorp.com';
38          const userName = 'User1@org1.example.com';
39
40          // Load connection profile; will be used to locate a gateway
41          let connectionProfile = yaml.safeLoad(fs.readFileSync('../gateway/networkConnection.yaml', 'utf8'));
42
43          // Set connection options; identity and wallet
44          let connectionOptions = {
45              identity: userName,
46              wallet: wallet,
47              discovery: { enabled:false, asLocalhost: true }
48          };
49
```

```
50        // Connect to gateway using application specified parameters
51        console.log('Connect to Fabric gateway.');
52
53        await gateway.connect(connectionProfile, connectionOptions);
54
55        // Access PaperNet network
56        console.log('Use network channel: mychannel.');
57
58        const network = await gateway.getNetwork('mychannel');
59
60        // Get addressability to commercial paper contract
61        console.log('Use org.papernet.commercialpaper smart contract.');
62
63        const contract = await network.getContract('papercontract');
64
65        // issue commercial paper
66        console.log('Submit commercial paper issue transaction.');
67
68        const issueResponse = await contract.submitTransaction('issue', 'MagnetoCorp', '00001', '2020-05-31', '2020-11-30', '5000000');
69
70        // process response
71        console.log('Process issue transaction response.'+issueResponse);
72
73        let paper = CommercialPaper.fromBuffer(issueResponse);
74
75        console.log(`${paper.issuer} commercial paper : ${paper.paperNumber} successfully issued for value ${paper.faceValue}`);
76        console.log('Transaction complete.');
77
78    } catch (error) {
79
80        console.log(`Error processing transaction. ${error}`);
81        console.log(error.stack);
82
83    } finally {
84
85        // Disconnect from the gateway
86        console.log('Disconnect from Fabric gateway.');
87        gateway.disconnect();
88
89    }
90 }
91 main().then(() => {
92
93    console.log('Issue program complete.');
```

```
94
95  }).catch((e) => {
96
97      console.log('Issue program exception.');
98      console.log(e);
99      console.log(e.stack);
100     process.exit(-1);
101
102  });
```

20行目　const { FileSystemWallet, Gateway } = require('fabric-network');

21行目　const CommercialPaper = require('../contract/lib/paper.js');

　まず準備として，Hyperledger Fabric の標準クラス FileSystemWallet, Gateway を利用するためにモジュール fabric-network を読み込みます。次に Papernet 固有のクラス CommercialPaper をユーザーが開発した別ファイル paper.js から読み込みます。CommercialPaper クラスは，ビジネスオブジェクト（この場合は CP オブジェクト）をインメモリーで作成，操作するためのデータ構造（インスタンスのプロパティの構造），メソッド，クラスメソッドを定めています。paper.js をスマートコントラクトとクライアントアプリケーションの両方で利用することで 2 つのプログラムの整合性を保っています。

25行目　const wallet = new FileSystemWallet('../identity/user/Isabella/wallet');

　このクライアントアプリケーションを利用するユーザー（Isabella）のウォレットをローカルファイスシステムから読み込んでいます。ウォレットには，X.509電子証明書等のアイデンティティが保管され，これを示すことで，ユーザーは特定の組織に所属しクライアントアプリケーションを通じてブロックチェーンネットワークにアクセスする権限を有することを証明できます。スマートコントラクトはその実行中にウォレットの内容を読み込むことができます。

```
31行目        const gateway = new Gateway();

38行目            const userName = 'User1@org1.example.com';
41行目            let connectionProfile = yaml.safeLoad(fs.readFileSync('../gateway/
                 networkConnection.yaml', 'utf8'));
44行目            let connectionOptions = {
45行目                identity: userName,
46行目                wallet: wallet,
47行目                discovery: { enabled:false, asLocalhost: true }
48行目            };
53行目            await gateway.connect(connectionProfile, connectionOptions);
```

gateway.connect メソッドにコネクションプロファイルとコネクションオプションをわたしてブロックチェーンネットワークに接続します。

41行目で読み込まれているコネクションプロファイルには接続先チャネル，そのチャネルに接続しているピア，そのピアのネットワークアドレス等が記述されています。以下にコネクションプロファイルの抜粋を示します。

```
channels:
  mychannel:
    orderers:
      - orderer.example.com
    peers:
      peer0.org1.example.com:
        endorsingPeer: true
        chaincodeQuery: true
        ledgerQuery: true
        evetSource: true
```

```
organizations:
  Org1:
    mspid: Org1MSP
    peers:
      - peer0.org1.example.com
    certificateAuthorities:
      - ca-org1
orderers:
  orderer.example.com:
    url: grpc://localhost:7050
    grpcOptions:
      ssl-target-name-override: orderer.example.com
peers:
  peer0.org1.example.com;
    url: grpcs://localhost:7051
    grpcOptions:
      ssl-target-name-override: peer0.org1.example.com
      request-timeout: 120001
certificatAuthorities:
  ca-org1:
    url: http://localhost:7054
```

58行目　　　　　const network = await gateway.getNetwork('mychannel');

gateway.getNetwork メソッドにチャネル名をわたしてチャネルを選択します。これ以降，network インスタンスによって mychannel にアクセスできるようになります。

63行目　　　　　　　　`const contract = await network.getContract('papercontract');`

68行目　　　　　　　　`const issueResponse = await contract.submitTransaction('issue',`

`'MagnetoCorp', '00001', '2020-05-31', '2020-11-30', '5000000');`

Network.getContract メソッドにチェーンコードファイル（papercontract. js）の名前を渡してコントラクトインスタンスを取得します。チェーンコードは一般に複数のスマートコントラクトを含みますが，スマートコントラクト名を明示的に指定しない場合はデフォルトで最初のスマートコントラクトが選ばれます。取得したコントラクトインスタンスの submitTransaction メソッドに issue トランザクションに必要なパラメータを渡してトランザクション発行をリクエストします。トランザクションの実行結果は issueResponse に戻されます。ここはプログラムではたった１行ですが，この背後でブロックチェーンのエンドース（Endorsement），順序付け（Ordering），検証（Validation）の３フェーズからなるコンセンサスプロセスが走ります。

issueResponse に値が戻るのは，検証フェーズが成功してコミッティングピアからイベントがアプリケーションに戻った後です。しかし，複数のエンドーシングピアにトランザクションプロポーザルを送り，それらからのトランザクションレスポンスを検証して１つにまとめてオーダラーへ送り，そして複数のコミッティングピアからのイベントをサブスクライブして確認する（確認方法はコネクションオプションの EventStrategy で指定）のは SDK が行うため，クライアントアプリケーションは submitTransaction メソッドをコールするだけで済みます。

73行目　　　　　　　　`let paper = CommercialPaper.fromBuffer(issueResponse);`

トランザクションの戻り値を Buffer から CommercialPaper クラスのインスタンスに戻すために，CommercialPaper のクラスメソッドを利用しています。これはスマートコントラクトで CommercialPaper インスタンスを Buffer に変

換してリターンしていることと対になっている処理です。

　87行目　　　　　　　`gateway.disconnect();`

　クライアントアプリケーションの最後でブロックチェーンネットワークとの
接続を切断しています。

【執筆者紹介】

髙田　充康　担当章：第1章，第3章，第4章，全編チェック
日本アイ・ビー・エム株式会社　ブロックチェーン事業部　事業部長

　鉄鋼会社担当SE，新規顧客開拓技術営業・マネージャーを経て，2012年より中国IBMにおける新規顧客開拓プロジェクトのため北京に赴任。帰国後，ブロックチェーン・クラウド・サービスの国内展開をリードし，2018年より日本IBMにおけるブロックチェーン事業責任者に就任。

石黒　直裕　担当章：第3章，第5章
日本アイ・ビー・エム株式会社　グローバルビジネスサービス事業本部

　日英での起業，事業会社，コンサルティング会社を経て日本IBMに入社。業務改革の構想策定から導入の支援や事業開発等に従事。現在は経理財務領域の支援とブロックチェーンプロジェクトの推進を担当。

水上　賢　担当章：第3章
日本アイ・ビー・エム株式会社　ブロックチェーン事業部　担当部長

　銀行・証券にてディーリング業務に従事した後，日本IBMに入社。環境問題やスマーターシティー事業における街づくり支援を経て現職。主として，非金融領域におけるブロックチェーン事業開発をリード。

紫関　昭光　担当章：第2章，付録
日本アイ・ビー・エム株式会社　ブロックチェーン事業部

　日本IBM藤沢研究所，大和研究所でソフトウエア開発エンジニア，IBP Asia Pacificでビジネスインテリジェンスのマーケティングマネージャー，開発製造部門でビジネスデベロップメント理事，グローバルテクノロジーサービスにてサービスデリバリー理事，クラウド事業でIBM Cloud MeisterとしてIBM Cloudの立ち上げに参画，2016年よりブロックチェーンの技術領域をリード。

清水　智則　担当章：第2章，第3章
日本アイ・ビー・エム株式会社　グローバルビジネスサービス事業本部

　主に金融機関におけるシステム開発プランニングにかかる支援に従事。現在は様々な業界のブロックチェーンプロジェクトの立ち上げ，および推進を支援。

町田　武夫　担当章：第2章，第3章
日本アイ・ビー・エム株式会社　グローバルビジネスサービス事業本部

　メインフレームシステムの技術支援から始まり，SOA（Service Oriented Architecture）やビッグデータなど先進技術に関するお客様の取組みの支援を経て，現在，様々な業界でのブロックチェーンプロジェクトの立ち上げ，および推進を技術面で支援。

岡村　健一　担当章：第3章，第4章
日本アイ・ビー・エム株式会社　グローバルビジネスサービス事業本部
　衆議院，事業会社を経て日本IBMに入社。戦略コンサルティング部門にて主に経営戦略・企業変革支援を担当。ブロックチェーンについては，IBM自身のサービス立ち上げ準備，通信会社，銀行との協業検討を担当。2020年より，新卒コンサルタント・エンジニアの採用，育成を統括する部門の責任者を務める。

川村　篤史　担当章：第3章
日本アイ・ビー・エム株式会社　ブロックチェーン事業部　担当部長
　IBM入社後，金融機関様担当として，複数の地方銀行／大手銀行／共同化プロジェクト等でのプロジェクトをリード。2005年より国内外金融インフラ接続ソリューションを担当後，2015年よりブロックチェーン推進を担当し，主に金融機関様の新しいビジネス検討を支援。

片山　敏治　担当章：第3章
日本アイ・ビー・エム株式会社　ブロックチェーン事業部　アライアンス開発部長
　IBM入社後，ファインシング事業にて金融および公共事業を担当。その後，システム製品事業にて，メインフレーム事業の営業推進を担当後，メインフレームを活用した先進ソリューションを提案する先進システム事業を担当。2018年からブロックチェーンにおけるエコシステムの構築を支援。

勝見　啓子　担当章：第3章
日本アイ・ビー・エム株式会社　ブロックチェーン事業部
　地銀システム共同化プロジェクトを中心に金融機関のお客様向けに運用アウトソーシング提案や運営をソリューション営業として10年以上従事。2018年から医療・製薬業界でのブロックチェーン技術を活用した業界プラットフォーム構築に向けた活動を支援。

吉田　理菜　担当章：第3章
日本アイ・ビー・エム株式会社　ブロックチェーン事業部
　システム開発支援業務の経験を経て，2016年よりブロックチェーン事業に携わり，様々な業界におけるブロックチェーンビジネスの立ち上げ，推進等の事業開発を支援。現在は主に非金融領域におけるブロックチェーンビジネスの立ち上げを支援。

栗村　彰吾　担当章：第2章，第3章
日本アイ・ビー・エム株式会社　グローバルビジネスサービス事業本部
　メインフレームLinuxの技術営業として，提案活動や技術支援に従事。現在はブロックチェーン技術者としてブロックチェーンを活用したシステムの設計，技術支援を行う。またブロックチェーン技術者を対象としたMeetupを開催している。

西下　慧　担当章：第4章
株式会社日本総合研究所　開発推進部門　先端技術ラボ
　2016年名古屋大学大学院情報科学研究科社会システム情報学専攻修士課程修了後，株式会社日本総合研究所に入社。大手金融機関の社内システム担当を経て，2018年より日本アイ・ビー・エム株式会社に出向し，ブロックチェーン技術者として顧客のブロックチェーン活用を支援。2020年より帰任し，現職に着任。

あなたの会社もブロックチェーンを始めませんか？

2020年6月10日　第1版第1刷発行

編　者　日本アイ・ビー・エム株式会社
　　　　ブロックチェーンチーム

発行者　山　本　　　継

発行所　㈱中央経済社

発売元　㈱中央経済グループ
　　　　パブリッシング

〒101-0051　東京都千代田区神田神保町1-31-2
電話　03 (3293) 3371 （編集代表）
　　　03 (3293) 3381 （営業代表）
http://www.chuokeizai.co.jp/
印刷／昭和情報プロセス㈱
製本／誠　製　本　㈱

©2020. IBM Japan
Printed in Japan